身近な自然を活かした保育実践とカリキュラム

松本信吾＝編著／広島大学附属幼稚園＝監修

環境・人とつながって育つ子どもたち

中央法規

はじめに

広島大学附属幼稚園は、1966年、広島大学教育学部附属幼年教育研究施設の創設にともなって設置が認可され、5月に広島市中区千田町に開園しました。幼児教育の研究施設と一体となった研究園としての出発は全国的にも珍しい例です。その後、1990年3月に東広島市の現在地に移転し、1993年には3歳児学級を開設、3歳から5歳の各学年1学級、全3学級の現在のすがたになりました。

本園は、園庭と裏山がつながり、里山の自然を満喫することのできる恵まれた環境にあります。大学附属の幼稚園としての使命を果たすべく教育、研究を重ねるなかで、この自然環境を活かして幼児に豊かな自然体験を保障することで、生きる力の基礎となる感性、知力、体力、意欲を総合的に育むことができるのではないかと考え、2006年度に「森の幼稚園」構想を立てました。それ以来、職員と保護者が一緒になって子どもたちが遊ぶ森の環境を整えながら、今日まで積極的にこれを推進してきました。

本園の園歌は「大きな森にいだかれて」（1番）、「あったか仲間にかこまれて」（2番）という詞ではじまります。そうした自然と深くかかわりながらともに育ち合おうという本園の保育の考え方と実践を本書にまとめています。また、新しい幼稚園教育要領は小学校以降の教育との接続が企図されていますが、ここで示す本園のカリキュラムの考え方にはそうした今日的な課題に対する提案も含んでいます。

幼児教育がこの国の教育の枠組みのなかで、その持つ意味が問い直され、大きな転換期を迎えている今日、本園のこうした活動が保育者、幼児教育の関係者が幼児教育の本質や日々の実践について考える際の、ひとつの手がかりになることを願ってやみません。

広島大学附属幼稚園 園長　菅村 亨

目次

第3章 自然を活かした保育カリキュラム

第4章 自然を用いた保育の実践方法

目次

序章

ようこそ、森の幼稚園へ

広島大学附属幼稚園の環境と、森の幼稚園になっていくまでの歩みを紹介します。

「森の幼稚園」ができるまで

下の「森の幼稚園遊び場マップ」をご覧になって、どんな感想をおもちになりますか。「楽しそう！」「ワクワクする！」などの声が聞こえてきそうですね。そうです。私たちは、こんな素敵なところで毎日の保育を行っているのです。しかし、はじめからこのような環境が整備されていたわけではありません。ここでは私たちが現在の「森の幼稚園」になっていった経緯を紹介したいと思います。

広島大学附属幼稚園は、1990年に広島市内から現在の地、東広島市鏡山北の陣ケ平山《じんがだいらやま》（標高321m）の麓に移転しました。移転当時の計画では、園児の安全確保のため、園舎と森の間にフェンスを設置したり、園舎の西側に堀を作ったりする計画があったそうです。しかし、当時の教職員が、子どもたちにとって森はぜひ必要な環境だからそれらのものは作らないでくれと懇願したことで、現在のように園舎と森との間を自由に行き来し、日常的に森とかかわることが可能な環境が保障されました。

とはいえ、移転当時の園舎周りの森は放置林で、森に踏み入ることは困難な状況でした。そこで、当時のおやじの会のメンバーが、廃道化していた登山道を整備することで、標高差70m

森の幼稚園遊び場マップ（園提供）

の山頂まで登れるようになりました。そのようにして、主に冬期には山登りをして山頂付近で遊ぶことが保育に取り入れられるようになりました。そうは言っても、この当時は、保育室や園庭での遊びが中心で、森の中で日常的に遊んでいるわけではありませんでした。

そんな私たちの保育を変えるきっかけになったのが、2006年度に打ち立てた「森の幼稚園」構想です。今の子どもたちのおかれた現状や課題を考えると、森という環境を最大限に活かした保育をすることが最も有効であると考えたのです。それは、左上の図に示された問題意識からです。感性・知力・体力・意欲を、遊びや生活を通して保障するためのもっとも適した環境が森であると考え、森を中心とした保育を模索し始めたのです。

しかし、従来の保育室中心の保育から、森での保育に変えていくことには、様々な障害がありました。できないこと、不便なことばかりが目に付くのです。ヨーロッパの森の幼稚園の視察にも行きましたが、森の様相が全く違うので、そのスタイルを取り入れることもできませんでした。そのような中、まずはわからないままにやってみることから始め、子どもたちの姿をとらえながら保育を作っていきました。さらに、保育者同士で楽しさや悩みを話し合い、試行錯誤しながら森での保育を見つけていきました。そうやって森に入って保育を行ううちに、森の中に「魔女の家」や「ぬりかべ」などと呼ばれるようになる場所を発見し、森の物語

「森の幼稚園」構想

現状の問題点・課題

1. 心の育ちより、目に見える能力の伸長を目指す風潮
2. 幼児期の特性にそぐわない学力的な「学び」追求
3. 体力・身のこなしの低下
4. 意欲や夢を失った子どもの増加

「森」での遊びや生活を通じて必要な体験を保障できる

子どもたちに必要な体験

1. 豊かな感動体験による感性の涵養（感性）
2. 幼児期に即した生活や遊びを通した学び（知力）
3. 森での遊びを通した体力・身のこなしの向上（体力）
4. 好奇心や想像力、成就感を満たす生活（意欲）

が生まれ、子どもたちの間に語り継がれるようになっていきました。

同時に、森の資源を十分に活かせるように森の基盤整備も行っていきました。それには、主におやじの会が活躍しました。まずは、子どもたちがこの森のフィールドで遊ぶことができる空間を確保するために園舎近くの「山際」を間伐し、「ことりの広場」や「くりの広場」などの場所を整備しました。そして、子どもたちの遊びの拠点となる場所として「とりで」や「ネズのいえ」を手作りで作成しました。また、頂上広場には「やまごや」も作成しました。そのことにより、森で日常的に遊ぶことが可能となったのです。このようにして、森での保育をこの10年ぐらいで充実させていきました。

森の幼稚園の現在

２０１０年から始めたのが「森の日」という、園舎を使わずに一日中森で過ごす保育です。「森の日」には、「森の達人」と呼ばれるインタープリター（子どもと自然とをつなぐ人）に来てもらうようにしました。その後は森の達人も一緒になって、広島大学附属幼稚園の保育を作っていきました。食べることのできるものや触っても大丈夫なケムシなどの知識も広がり、活動に自由度が増してきました。そこから、森での保

本園の全景

育の保育観も確かなものになってきて、子どもの活動を禁止することが少なくなり、安心して子どもの活動を見守ることができるようになりました。そのような過程を経て、5年の年月をかけて作成したのが、この本でも紹介している森の幼稚園のカリキュラムです（詳細は3章に収載）。このカリキュラムは、今でも毎年見直しを行っています。

　このような森での保育の実践が評価されたのか、最近は海外からも含め年間200名を超える視察者が来られるようになりました。そして、2018年から開始された広島県の自然保育認証制度では、「自然保育認証園」に認定されました。毎年「公開研究会」や「保育者のためのワークショップ」を行うことで、自然を活かした保育実践を内外に積極的に発信しています。

　さて、広島大学附属幼稚園は、国立大学の附属幼稚園ですので、特別に恵まれていると思われていたり、勉強熱心な園と思われていたりするかもしれません。確かに、この豊かな森を日常的に使えるという面では恵まれています。しかし、予算的に決して恵まれているわけではなく、スタッフの数も標準で、特別の支援を要する子どもも在籍している、そんないわゆる普通の幼稚園だと思います。幼稚園教育要領に示される遊びを中心とした保育を行うことを大事にしつつ、子どもたち一人一人が遊び込むことを最大限に支えていこうとした結果が、現在の森を中心とした保育の形になっていきました。ですから、この本を手に取られた読者の方も、子どもにとってどのような経験を保障したいか、子どもが豊かな体験をするためにどのような環境を用意したいか、そして子どもたちの何を育てていきたいかということを考えながら読んでいただければ、どのような環境にある園においても活用できるヒントが含まれているように思います。

これからの社会の担い手となる子どもたちに

　本園は2016年度に文部科学省の研究開発学校に指定され、自然の中で育つ子どもたちが持続可能な社会の担い手となるための教育課程の研究開発を4年間の計画で行っているところです。これは、小学校以降ではかなり行われるようになったＥＳＤ（Education for Sustainable Development＝持続可能な開発のための教

育）の内容です。現代社会には、環境破壊や貧困、人権侵害など、様々な問題が山積しています。本園の豊かな自然の中で育った子どもたちにどのような人間になっていってほしいのかを私たちは考えました。それはもちろん、単に自然の知識がある子どもではありません。周りの環境や周りの人とつながろうとする態度をもち、様々なことを自分のこととして考え行動することで、問題を解決していける人だと考えたのです。それが、私たちの考える「持続可能な社会の担い手」です。そして、そうなっていくための保育を示したいと考えて、現在も研究と実践を行っています。そのような取り組みもあり、本園は2017年度には、中四国地方の幼稚園としては初のユネスコスクールに認定されました。ユネスコスクールはESDの拠点校として、地域の学校と連携してESDを推進する役割があります。この本の中にも、ESDに関する内容が含まれています。幼児教育にはあまりなじみがない内容だと思いますが、この機会に幼児期の保育を通して将来どのような人間になっていってほしいのかを考える契機としていただければ幸いです。

　「大きな森にいだかれて　自然と一緒に遊ぼう」「あったか仲間にかこまれて　みんなで一緒に遊ぼう」この2つが広島大学附属幼稚園の教育理念です。ここには子どもたちをとりまく森という自然環境への信頼と、友達や保育者、保護者があたたかくつながっている人的環境への信頼が示され、そこで遊ぶことで子どもたちは育つのだという理念があります。その理念のもと本園が作成した「身近な自然を活かした保育実践とカリキュラム」を通して「環境・人とつながって育つ子どもたち」の姿をご覧ください。

第1章

自然に抱かれて育つ子どもたち

四季を通して、自然にどっぷりと浸かって育つ子どもたちの姿を見てみましょう。

春

春は入園してきたドキドキ不安な子どもたちと、進級してワクワク張り切っている子どもたちを森の幼稚園の自然が出迎えます。保育者や友達と一緒に身近な自然物、自然環境とかかわる中で、子どもたちは心を開かされ、森の幼稚園の子どもになっていきます。

出会い

春は出会いの季節です。新入園の子どもたちは、緊張した面持ちで登園してくることも多く、「お母さ～ん」と泣く子どもも少なくありません。そんなとき、保育者が泣きたい気持ちを受け止めつつ、一緒に身近な自然にいざないます。「森の広場」に咲いているタンポポを摘むことで安心したり、桜の花びらが舞い散るのを眺めたり、森の斜面にいざなわれて、思わず登ってみたり（この場合、降りられなくなって泣くこともあるのですが）、ダンゴムシをじっと見つめたりなど、様々な自然物が語りかけてきて、それに応答するように子どもたちは自然物とかかわっていき、次第に安心していきます。自然物には、子どもたちに語りかけ、かかわりをうながす魅力がつまってい

花を摘む

保育室から一歩足を踏み出すと、春には様々な花が咲き乱れています。泣いていたナナも、タンポポに目が留まり、そこに小走りで近づいていきました。タンポポを摘むと、近くに行たユウキに「はい」と渡し、その顔は笑顔になっていました。

るのでしょう。そして子どもたちは、自らが能動的にかかわり、受け止められることで、次第にこの場を安心できる場所だと認識するようになり、自分が生きる主役として幼稚園で過ごすようになっていきます。

進級児にとっても、新しい場所との出会いがあります。私たちの園は、それぞれの年齢で拠点とする場所が異なっていますので、新しい拠点での遊びが始まります。そこには、今まで憧れてみていたターザンブランコや、基地になりそうな場所、今まで使ったことのないものなどが待っています。子どもたちは、新たな場所での自然物との出会いを通して、新たな遊びの物語を紡いでいくのです。

枝を拾う

森には枝や葉っぱがたくさん落ちています。「ワシのん、かっこいいじゃろ」「こっちもええよ」これまで公園ぐらいしか戸外で過ごしたことがない子どもたちにとっては、どれを拾ってもよいという森の中は、宝の山に見えるのではないでしょうか。

虫を見つめる

葉っぱの陰にダンゴムシが動いていました。「あれ、何かいる」とタケシ。「ほんとだ」とアキオ。その後、二人は黙ってダンゴムシが動いている様子に見入っていました。命と命がつながっている感じでした。

春を食す

私たちの園では「食べる」ことを大事にしています。それは、子どもたちにとっては、昔も今も「食べる」ことが一番嬉しいことだと思っているからです。だからといって、単におやつを買って与えることがいいことだとは考えていません。自分の身近にあるものを食べることで、そのものと自分とが関係あるものとしてつながることが大事だと思っているのです。

身近にあるものが食べられるかどうかは子どもには分かりませんから、そこは大人の出番です。私たちの園では「森の達人」と呼ばれているインタープリター（自然に詳しい、自然と子どもたちの橋渡しをしてくれる人）が時々来てくれますから、子どもたちは「これ、食べれるん？」などと聞きながら、食べられるものが身近にたくさんあることを知っていきます。

年長組の恒例となっているのが、「春色のホットケーキ作り」です。春の食べられるものを探してきて、自分だけのホットケーキを作ります。はじめに、森の達人に、今の季節、身近にどんな食べられるものがあるかを紹介してもらいます。そして早速食材探しに出かけます。「あった、これじゃろ！」「こっちにもあるでー」などの声が響きます。中には、途中で見つけたスミレを生でつまみ食いする子どもも。スミレ、フジの花、サクラの花、カラスノエンドウ、シロツメグサ、タンポポ、ヨモギなど、様々な食材が見つかりました。

そうやって集めた食材をホットケーキに載せて焼いて、きれいな春色のホットケーキのできあがりです。自分たちで集めたもの、そりゃあおいしい

春色のホットケーキ作り

できあがりを楽しみに待っています。

「森の達人」による食材の紹介

食べられると聞くと、子どもたちも興味津々です。

です。

春には、ヨモギを摘んできて団子にしたり、キイチゴを採って食べることも多いです。幼児期には、自分が生きているこの環境と共にあるものを、自分の手で採ったり育てたりして食べる経験をしてほしいと考えています。

身土不二《しんどふに》という言葉があります。自分の身体と、自分がよりどころにしている環境とは切り離せないという意味ですが、食べる行為を通して、この取り巻く環境の一員として自分が生きているということを、幼児期に身体で感じてほしいと思っています。

つまみ食い

スミレの花を見つけたヨシオ。そのままつまみ食いです。スミレは生で食べてもおいしいですね。

フジの花摘み

木登りの得意なヨウタは、するすると登って皆のためにフジの花を摘んでいました。

摘んできた食材を載せる

載せるのも楽しみです。どんなホットケーキができるかな。

気候と共に、心も解放されていく子どもたち。思いっきり泥に浸かったり、川で遊んだりして、ダイナミックに遊ぶ姿が見られるようになります。雨の日には、雨の楽しさを味わいます。年長児は「おとまり保育」を通して、普段はできない経験もしていきます。

水・砂・泥

　この時期の子どもたちにとって、遊び込む一番の対象は、水や砂、泥などの自然素材であることが多いです。泥の中にどっぷりと浸かり込む子ども、水浸しの砂場に寝転がる子ども、延々と泥団子を作り続ける子どもなどの姿は、（もし、それらのことをむやみに禁止していなかったとすれば）どこの園でも見られるものでしょう。このような、水や砂、泥とのかかわりを、私たちも大事にしています。これらの素材は多様に形が変化することや豊かな感触を伴っているという特性をもっており、そのことが子どもたちを惹きつけているのでしょうが、子どもたちが遊び込む姿を見ていると、もっと身体の奥底から本能的に求めているようにも思えてきます。

　これらの素材は、この地球を形作っている要素でもあります。子どもたちは、これらの素材とかかわり、受け止められ、没入し、溶け合うことで、この自分が存在している世界との一体感、つながりを感じているようにも思うのです。そして、かかわりを通した楽しさ、満足感、一体感を通して、自分はこの世界の一員なんだ、自分はここにいていいんだという、無条件で存在を肯定される経験をしているのではないでしょうか。

泥と戯《たわむ》れる

泥と戯れている子どもたちの姿は、まさに泥と溶け合っているようです。何度も繰り返しながら、じっくりとかかわり続けます。

雨を味わう子どもたち

まさに五感を通して雨を感じています。

森で見つけた素敵な傘

雨降りの日に森で過ごしていると、「あ、傘がある」と大きな葉っぱを摘んできた子どもたち。そしてあっという間に物語の世界に入っていきました。

雨水での滝修行

「修行じゃ～」と滝に打たれる子どもたち。みんな真似をしてやりたがります。水の勢いに何か惹きつけられるのでしょう。

雨

私たちの園に来られた方に、「雨が降ったらどうするんですか」と時々聞かれます。何か特別なプログラムがあることを期待されているのかもしれませんが、そのようなものもないので「雨が降ったら、雨が降ったように」と答えています。子どもたちと皆で散歩に出かけることもありますが、それ以外は子どもたちがどんどんとおもしろいことを見つけて来て、保育者が『そんな遊びもするんじゃ！』と驚かされることしばしばです。雨水を頭からかぶって修行をしたり、水たまりに足を踏み入れたり、斜面を水が流れる様子を眺めたり、レインコートに落ちる雨の音を聞いたりなどなど。子どもたちは、雨と響き合い、語り合っているのがよく分かります。

また、森の中に入ると、少々の雨だと森の中は雨が降っていないことに気付いたり、普段とは匂いが異なっていることを感じたりします。ちょっと異次元旅行をするような雨の日なのです。

おとまり保育

おとまり保育は年長児にとってワクワクドキドキの特別なイベントです。プログラムのはじめは近くの公園に出かけて、オリエンテーリングや川遊び。普段は体験できないことをします。その後、幼稚園に帰ってきてカレー作りや露天風呂を楽しみます。夜になるとキャンプファイヤー。グループの友達と一緒に考えて準備してきたスタンツ（寸劇など）を行い、みんなで盛り上がります。

　こんな楽しいこと盛りだくさんのおとまり保育ですが、ほとんどの子どもたちにとって一番の関心事は暗闇探険で「ゴーリー」に会うことです。「ゴーリー」は幼稚園の森に棲む伝説の生き物。おとまり保育の夜だけ、子どもたちに会いに来ます。子どもたちは、夜の森の闇の中を、勇気を振り絞り、一人でゴーリーに会いに行きます。ゴーリーのことは、去年の年長児から「ほんまは、やさしいんでー」と言われているのですが、自分が一人になるとやっぱり怖い。それでも「ゴーリーと友達になりたい」という一心で勇気を振り絞ります。

　ゴーリーと友達になった子どもたちは、何か少し自信がついたようです。卒園児と話していても、ゴーリーのことを一番覚えているということが多いです。ゴーリーは、子どもたちをずっと見守っている、幼稚園の森そのものなのかもしれません。

近くの公園での川遊び

幼稚園には川がないので、近くにある環境を使わせてもらっています。「冷たくてきもちええね～」

一日限りの露天風呂

みんなでお風呂に入るという非日常の経験もおとまり保育でします。「ほんまに、露天風呂じゃ～」

クライマックスは暗闇探険

ゴーリーに会いに行く暗闇探険。未知なるもの、闇とであう体験をします。翌朝に朝日が昇るところを見ることで、昼夜の一巡を感じているかもしれませんね。

火を囲んでのキャンプファイヤー

みんなで火を囲むキャンプファイヤー。グループで考えたスタンツ（寸劇など）も披露します。

秋

季節の移り変わりと共に、秋の森はクリ、ドングリ、キノコ、落ち葉など、たくさんの魅力的なものにかこまれ、それにいざなわれるように子どもたちの遊ぶフィールドも山際に移っていきます。森の中は、遊具や便利な道具はなくて不便なのですが、何にでも変身する豊かなものでみちあふれています。そこで子どもたちは、自分たちの生活や遊びを展開していくのです。

クリ拾い

秋になると、幼稚園の森にはクリがたくさん落ち始めます。それに誘われるように、子どもたちは森に引き込まれていきます。そりゃあ、おいしいおやつがそのあたりに落ちているのですから、もう子どもたちは夢中です。集めたクリは、早速焚き火をして焼き栗にしていただきます。3歳児は初めての経験ですので、火をおこすのも、枝を入れるのも興味津々。枝を探してもって来たりうちわで扇いだり、何か自分のできることを探してやろうとします。そして、クリが「ボン!」と弾けることにびっくり!という経験もします。5歳児なると慣れたもので、「ファイヤーの木、採ってくるけん」と焚き付け用の燃えやすい木を持ってきたりします。

クリを食べる経験をすると、今度はそれが子どもたちの遊びに還っていきます。網にのせて焼くバーベキューごっこをしたり、ケーキの盛り付けに使ったりするようになります。年長児だと、おろし金でおろして粉にして使ったりもするようになります。

幼児期は遊びと生活と学びが全部つながっています。食べられるおいしいものを見つけることで、それがどこにあるのかを探したり、イガからどうやったら採れるかを工夫したりします。そして、楽しかったことは再現したいので、遊びの中で考えながらイメージを実現していきます。つまり、これらの活動の原動力となっているのは、クリのおいしさなのですね。「食べる」ことは、生きることの中心です。森という恵みを享受できる場で、火を使ってそれを食べるという行為は、人が人になる道を再現していることでもあるのかもしれません。

クリさん出てきて

はじめはおっかなびっくり、クリを触る子どもたち。「いって〜」という声も聞かれます。

焼き栗作り

焚き火を見る姿も興味津々。「どうなりよるんじゃろ」。そのうち、どんどんと手を出してくるようになります。

生活と遊びのつながり

すぐ再現したくなるのが子どもたち。「バーベキューしようやぁ」

栽培→収穫→食べる

栽培活動を大事にしている園は多いと思います。本園でも、ジャガイモ、タマネギ、サツマイモ、お米、ダイコンなどを栽培しています。どれも、収穫も食べるのも楽しみですよね。秋はちょうど落ち葉もたくさんありますので、落ち葉焚きをして焼きいもを作ります。自分たちで植えて収穫したサツマイモと、自分たちが森から集めてきた枝や落ち葉。そんな身近にあるもので、自分たちの生活を作っていきます。今の子どもたちの周りにあるものは、食べ物でも火でも「商品」として提供されているものばかり。ですから、本来は、自分とつながっているもの、関係のあるものとして感じてもらいたいのです。

燃料になる大きな木は一人で持ってこられませんので、友達同士の協力が必要になります。生活の中で、必要な場面を通して、協力する姿勢も学んでいくのでしょう。そして、大きな火がおこったり、結果としておいしいものを食べることを通して、森や大地とのつながり、人とのつながりを感じているのではないでしょうか。

自分の手でいもを掘る

「なかなかとれん」夢中になってしまいます。

収穫の喜び

「とれた～」満面の笑み。

友達と一緒に食べる焼きいも

一緒に食べるとまたうまい！

集めた木々で落ち葉焚き

森から木々や葉っぱを集めて落ち葉焚きをします。普段から焚き火はしていますが、こんな大きな火はまた格別です。

拠点作り

森で本格的に遊び始めると、子どもたち、特に年長児は、廃材、釘、のこぎりなどを使って、自分たちの拠点となる場所を作りはじめます。森の中には、様々な基地、家、お店、ホテル、博物館などが建ち並び、様々な遊びが展開されていきます。森は子どもたちのまさに生活の場になっていき、そこでのやりとりが展開されていくのです。

森に自分たちの拠点を作る

釘や金槌、のこぎりなどを使って、お店や基地など、自分たちの拠点となる場所を作っていく子どもたち。使っているうちに、どんどん上手に使えるようになります。

冬

葉っぱが落ち、木の実もなくなる冬。森も少し色を無くしているよう。だけど子どもたちは冬の自然と出会い、遊びに取り入れながら、冬ならではの生活を楽しんでいきます。そして、年長児は、森と最後のお別れをして、小学生になっていくのです。

氷・雪

冬は寒いから室内で遊びたい、というのは本当はたぶん保育者の思いですよね。子どもたちは森での遊びが楽しいと感じているので、何の躊躇《ちゅうちょ》もなく外に出て行きます。そして、冬ならではの自然とかかわりながら遊ぶことを楽しみます。

広島県は温暖だとお思いでしょうが、本園が位置する東広島市は、1月の最低気温の平均がマイナス2・9度ですので、結構寒いのです。容器に水を入れて外に置いておくとだいたい凍ります。そのため、氷を使った遊びが盛んになります。氷へのかかわりは、まずは割る、食べるなどから始まり、そのうち砕いて料理に使ったり、自分なりのお気に入りの氷を作ろうとしたりするようになります。どこに置いた

ら氷ができるかを確める姿は、この時期によく見られます。お日様にすかして見たり、色をつけたりする遊びもよく行われます。氷のリースもお気に入りです。

一方、雪が積もることは年に数回しかありませんので、本園の子どもたちにとっては、ちょっと特別な日です。

氷越しに顔を見合わせる子ども

「うわー、見える」
「おもしろいね〜」

雪が降った日は子どもたちは大興奮。雪合戦、雪だるま作り、ソリ滑りなど、汗だくになって遊びます。そのうち、雪に色をつけたり、ままごとに使ったり、雪のキャンパスに大きな絵を描いたりと、思い思いの遊びを始めます。

氷のリース

子どもにとっては、「きれい」より「うまそう」なのかもしれません。早速食べようとする子ども。

雪が降ったら豪快にソリ遊び

「いっけ〜!」と大ジャンプ。

冬の遊び

冬になっても、子どもたちが一番盛んに行うのは、ままごとといってよいでしょう。少なくなったままごとに使える植物を有効利用しながら、土や氷を使って自分たちのイメージに合うものを作ります。氷に様々な自然物を閉じ込める作品は、気軽にできるので子どもたちのお気に入りです。また、雪は色が染まりやすいので、自然物の色水をかけることで、きれいな色の雪の料理に変身します。高級料理のソースをかけているみたいです。また、雪や氷、霜柱を焚き火に入れて溶かすのも、子どもたちは大好きです。このようにして、自然物を様々に使ったり試したりして遊びます。

様々な氷の作品たち

氷と自然物を使って、こんな美しいものを作ります。

雪に自然物で色をつける

自然物の色水を使って、様々な色の料理を作っています。

氷や雪を火にかける実験

焚き火の鍋に氷を入れて溶かす実験。子どもたちは変化に見入っています。

森に抱《いだ》かれて

冬は自然物は少なくなりますが、落ち葉はたっぷり落ちています。落ち葉を集めてお風呂や、おふとんにして、子どもたちは遊びます。大きな森に包み込まれる心地よさを感じているようです。本園の園歌は、「♪大きな森に抱《いだ》かれて自然と一緒に遊ぼう」というもので、これは本園の教育理念にもなっています。自然を利用し、搾取するのがあたりまえのようになっている現代だからこそ、幼児期に一番感じてほしいことは、自然の方が人間より大きく、自然（森）が私たちを支え、恵みを与えている存在だということです。

冬は山頂への山登りもよく行います。3歳児はまだあまり山登りになれていませんし、この季節は落ち葉やドングリでよく滑るので、ずるずる滑って大変です。でも滑ってもそこには大地があります。そのうち子どもたちは滑ることを楽しむようになります。こうやって自然の大きさや雄大さを味わっていくのだと思います。

お風呂ごっこ

たっぷりの落ち葉に浸かって、お風呂ごっこ。「一緒に入ろうや」「きもちええね～」

3 歳児の山登り

つるつる滑る落ち葉の登山は大変。でもこれも這いつくばって森に支えられています。

帰りは落ち葉のすべり台

「ジェットコースターみたいじゃ」

そして、卒園前に年長児が行うのが山越え探険です。これは、3、4人のグループで、道なき道を乗り越えてゴールを目指すものです。背の高さより高いシダ類に行く手を阻まれながらも、子どもたちは力を合わせ、知恵と体力を使って森の中を歩んでいきます。子どもたちは森と闘っているようにも見えますが、むしろ一体感や自然への畏敬の念を感じているように思えます。このような体験を経て、子どもたちは小学校へと旅立っていきます。

年長組最後の試練「山越え探険」

仲間と協力して藪漕ぎ（道がない藪をかき分けて進むこと）を行い、森の幼稚園を卒園していきます。

コラム1

なぜ、今、自然の中での保育なのか

最近“森のようちえん”など、自然の中での保育に注目が集まっているように思います。なぜ、今、自然の中での保育がクローズアップされているのでしょうか。その答えは様々にあるように思いますが、私は「子どもが遊び込むのに最適の環境だから」と答えたいと思います。

幼児は遊びを通して様々なことを学ぶことが知られています。幼稚園教育要領（文部科学省, 2017）にも「幼児の自発的な活動としての遊びは、心身の調和のとれた発達の基礎を培う重要な学習である」と明記されている通りです。では、幼児は学ぶため、発達するために遊ぶのでしょうか。ここが一番勘違いされやすいことのように思いますが、子どもとかかわるプロである保育者には、そのことを明確に「No」と言ってほしいと思っています。遊びは遊ぶこと自体が目的であり、人の役に立つ何らかの成果を生み出すことが目的ではない（文部科学省, 2018）のです。そこがはっきりしていないと、遊びの名の下に、大人にとって分かりやすい能力を身につけることを目的とした「英語遊び」や「体育遊び」などが横行してしまい、本来の遊びの世界が壊されてしまうのではないでしょうか。

翻って、子どもにとっての遊びとは何でしょうか。それは、溶解体験（矢野, 2006）（今村, 2011）とも呼ばれる、その世界と溶け合う体験をすることと言えるのではないでしょうか。子どもたちは、楽しいから自分の全ての力を発揮して、時も忘れて遊び込みます。そのような遊び込む体験を通して、子どもたちは、自分がこの世界から受け止められており、ここに存在してよいことを感じるのです。その結果として自己肯定感であったり、人への信頼感であったり、ものの性質の気づきであったり、体力であったりを育んでいきます。そうです、これらの育ちは、遊び込んだ結果なのです。

ですから、私たちは子どもたちが遊び込み、人や環境とかかわっていくことを支えたいと考えています。第2章で詳しく説明していますが、森という環境は、子どもの五感を刺激し、全力を引き出し、子どもが遊び込みやすい様々な特性を備えています。そして、遊びを支える保育者にとっても、それをやりやすい環境なのです。

そのように考えると、“森のようちえん”など自然の中での保育を行うことは、単に自然体験をさせるという意味ではないことが見えてきます。子どもが遊ぶ時間、空間、仲間が確保されにくい現代において、子どもにそれらを保障しながら遊び込む最適の環境を与えようとする、そのような意味があるように思います。

第2章

自然の中での保育で育まれるもの

子どもたちは自然の中でどのような体験をしているのでしょうか。

1

森の保育における子どもたちの体験内容

自然の中で遊んだり生活したりすることを通して、子どもたちはどのような体験をしているのでしょうか。ここでは、森の保育における子どもたちの体験内容に迫ることで、自然とかかわる保育の中で育まれるものを探ってみたいと思います。

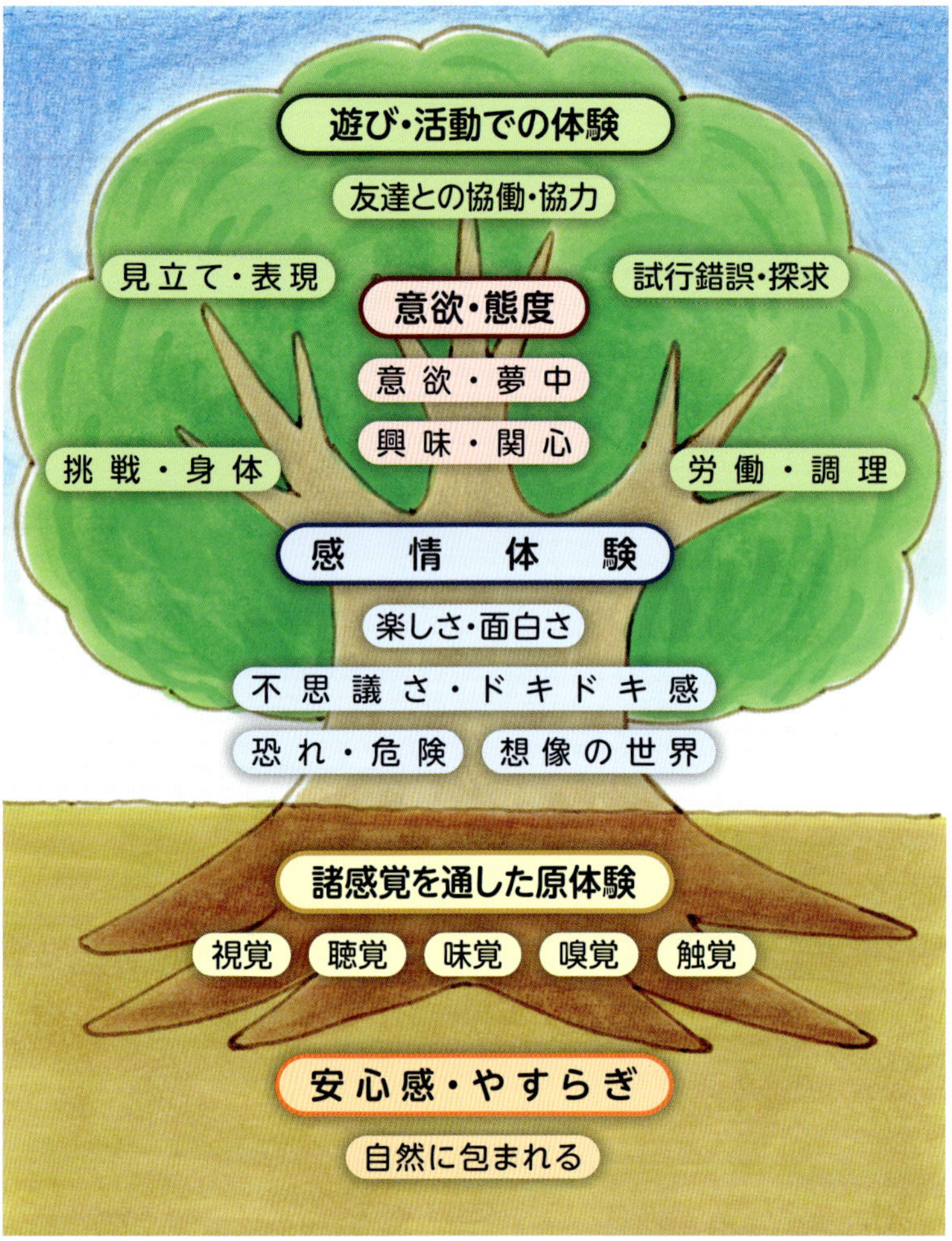

森の保育における幼児の体験内容の構造図（広島大学附属幼稚園，2012）

森で保育を行っていると聞くと、一般には自然体験に特化した活動をしていて、その効果も自然に対する知識が増えたり、感性が豊かになったりすることだと思われがちです。しかし、森で保育を行うのは、自然体験を行うことが目的ではありません。豊かな感性だけでなく、様々なことに挑戦しようとする意欲や、友達と力を合わせようとする態度や、ものごとを粘り強く探究しようとする態度など、子どもたちの総合的な心情・意欲・態度を育む上で、森がもっとも豊かな環境を提供してくれると考えるから、私たちは森での保育を志向したです。

それでは子どもたちは、森での遊びや生活を通して、どのような体験をしているのでしょうか。私たちは、森の保育において子どもたちがどのような体験をしているのかの事例を集め、それらを分類してみました。その結果を構造化したものが右の図です。この図は下から順に見てほしいのですが、一番下にあるのは**「安心感・やすらぎ」**の体験です。泥にどっぷりと浸かり込むことで安心したり、森の中で何か心がゆったりするような体験を示しています。この安心感が、子どもたちが園生活を送っていくことを支える土壌となるものだと考えています。

安心して園生活を送るようになると、子どもたちは自然の様々なものにいざなわれ、心を動かしてかかわるようになっていきます。それが、**「諸感覚を通した原体験」**です。諸感覚とは、主に「視覚」「聴覚」「味覚」「嗅覚」「触覚」の五感ですが、森の保育では、視覚優位にならず、それ以外の感覚をたくさん使って多様な直接体験をすることが可能なのが特徴でしょう。次節で述べますが、これらの幼児期の諸感覚を通した体験は一生心に残る原体験になると言われています。

自然とかかわる「原体験」は、「楽しさ」などの様々な**「感情体験」**を生み出します。ここで生まれてくるものは「楽しさ」「面白さ」などの肯定的な感情だけでなく、「ドキドキ感」や「恐れ」などの負の体験も含まれているのが特徴です。

そのような心動かされる**「感情体験」**を通して、「どうなっているんだろう」というものごとへの興味・関心や、やってみようとする意欲などの**「意欲・態度」**が高まってきます。その周りのものにかかわっていこうとする主体的なエネルギーが、夢中になって遊ぶ体験や、やりたいことに向かって力を発揮する生活を生み出していきます。

それでは、自然の中で展開される遊びや生活の特徴としてどのようなものがあげられるでしょうか。図の上部の**「遊び・活動での体験」**に示されているように、これらは5つの小グループに分けることができました。

1つ目は**「挑戦・身体」**で、スリルや爽快感を感じながら、自分の身体の力全てを用いて新しいことに挑戦していこうとする特徴です。

2つ目は**「見立て・表現」**で、自然物を見立てたり、イメージを働かせたり、ものごとの美しさや不思議さなどを感じたりしながら、それを自分なりに表現していこうとするという特徴です。

3つ目は**「友達との協働・協力」**で、友達と一緒に遊ぶ楽しさを感じたり一体感を感じたりしていき、そこから協働や協力する体験をし、協同的な遊びになっていくという特徴です。

4つ目は**「試行錯誤・探求」**で、試したり考えたりしながら、どうやったらやりたいことを実現できるか探求していくという特徴です。

5つ目は**「労働・調理」**で、火をおこすためにたきぎを集めたり、お米を育てて食べられるように籾《もみ》すりをしたりするなど、自分たちの生活を自分たちで支えるために働くという特徴です。

次節より、その一つひとつの具体的な内容を見ていきましょう。

2

安心感・やすらぎ

自然の中に入ると、すーっと心がやすらぐ経験をする人は多いでしょう。自然に包み込まれることで、子どもたちは安心して、園生活を送っていくことができます。

どの園の保育においても、子どもたちが安心して過ごすために、保育者との信頼関係を築くという点は変わらないでしょう。本園でももちろん、特に入園当初は信頼関係を築くことに全力を尽くしています。森の保育で特徴的なのは、幼児が保育者とのかかわりだけでなく、自然に包まれる体験を通して安心感ややすらぎを感じていることです。河合（１９９０）は、人は「緑の中では心が安まり、落ち着いた気分になる。それはたぶん、嬰児が母親の胸に抱かれて乳房をまさぐっておれば心が安らぐと同じく、霊長類の進化史の中で作られた生得的な心性なのだろう」と述べています。森の緑に包まれているだけでやすらぎを感じることは、皆さんも経験したことがあるので

泥の中にどっぷりと浸かり込む。

落ち葉のじゅうたんに全身を包まれて。

草はらに“ごろん”気持ちいい！

はないでしょうか。

しかも、やすらぎを感じるのは、子どもだけでなく保育者も同様です。友定（２０１１）は、「子どもと同等に、あるいはそれ以上に森が保育者自身に働きかけてくるので、子どもと同じ地平に立つことが容易になる」こと、また、「森では（略）保育者は子どもの体験をコントロールしようとする構えが減少し、「人として一緒に受け止める」というスタンスになる」と述べています。森に入ると、保育者もやすらかな気持ちになり、子どもの行動を受容的に受け止めやすくなり、結果として子どもたちは指示や禁止を受けることなく、伸び伸びと遊ぶことができることを述べています。

自然に包まれて保育を行うことは、子ども自身がやすらぎを感じると同時に、保育者がゆったりとした気持ちで子どもを受け止めることができるという、二重のよい意味をもっているのではないでしょうか。

3

諸感覚を通した原体験

幼児期は、みずみずしい豊かな感性を働かせて身近な自然にかかわっていくことが大事な時期です。幼児期の五感を通した体験は「原体験」とも呼ばれ、長く記憶に残るふるさとのような体験となります。

森で目をつむると、いろんな声が聞こえてくるよ。

ケムシを触ってみる。見た目と違って気持ちいい。

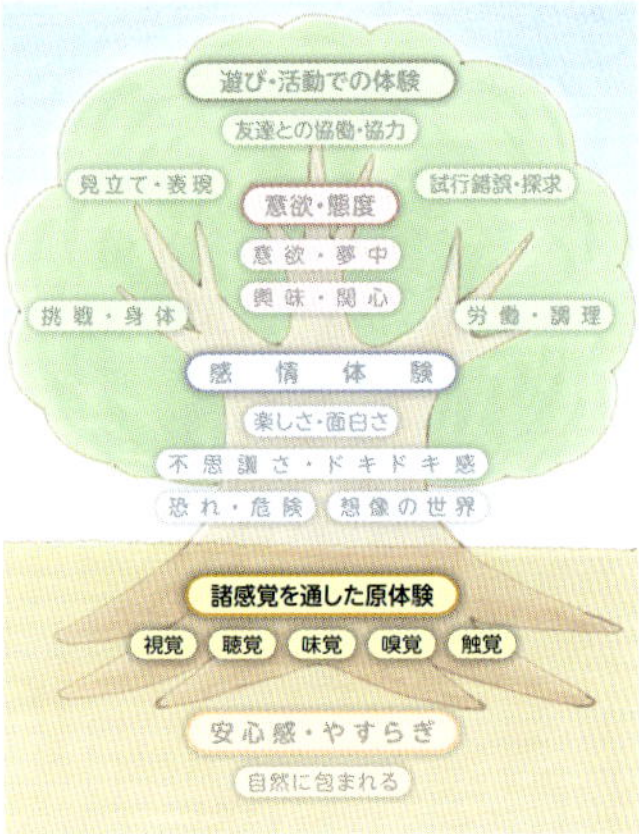

私たちは幼児期に様々な自然と直接かかわることが大事だと考えていますが、そのような体験を山田（1993）は、「原体験」と名付けています。山田は、昨今の子どもたちが五感の中でも視覚、聴覚に偏った経験をしていることを指摘した上で、五感の中でも特に、触覚、味覚、嗅覚によって得られた情報は、長期記憶として残るものであり、その後の事物・事象の認識に影響を及ぼす体験になるとして「原体験」と定義しています。そして、原体験とは、動物や植物、水や石や土などの自然物に直接ふれ合うこと自体を目的としている直接体験であると述べ、具体的には、左記の8つの体験をあげています。

産業教育機器システム便覧（197

2）によると、五感による知覚の割合は視覚器官が83％、聴覚が11％、嗅覚3・5％、触覚1・5％、味覚が1・0％、とされていて、圧倒的に視覚の割合が高くなっています。このような視覚優位になりがちな世の中ですが、本園の子どもたちの原体験の実態を調べたところ、どの年齢の子どもたちも五感をまんべんなく使っていることが明らかになりました。特に山田が「基本感覚」と位置づける「触覚」「嗅覚」「味覚」の体験が充分になされていました。さらに、火体験、石体験、土体験など、体験の種類に関しても、どの年齢の子どもたちも全てを網羅して体験していました。子どもたちが幼児期の柔らかな感覚器官をまんべんなく働かせ、また、８つの原体験を網羅できているのは、森という環境を中心に保育していることが大きいかもしれません。

山になっていた渋柿の味。“うへ～”

８つの原体験（山田、1993）
●動物体験　●草体験　●木体験
●土体験　●石体験　●水（雪・氷）体験　●火体験　●ゼロ体験（感情体験：暑さ、飢え、闇など）

4

負の体験も含む多様な感情体験

自然の中で諸感覚を働かせて遊ぶことを通して、子どもたちは様々な感情体験をします。楽しさや面白さを感じるのは当然ですが、森の保育においては、恐れや危険などの一見負の感情も体験します。

　森では、楽しかったりワクワクしたりする感情はもちろんですが、怖い思いをしたり、大変な思いをしたりする、一見負の感情体験も豊富に含まれています。岡村（１９８８）は、原始の森での危険、恐怖などの負の体験が現代の子どもたちに一番欠けている経験であるとして、その体験の重要さを指摘しています。本園の子どもたちの遊びの様子を見ていると、闇に立ち向かう体験、道に迷う体験、火を扱う体験、高いところの綱渡りなどを行う体験など、危険だと思われがちな体験の事例が多くあります。また、渋柿を食べて苦みを感じる体験、ヘクソカズラの臭い匂いを嗅ぐ体験、マムシに出会って触ってみる体験、何の遊具も用具もないところで遊ぶ体験など、一般的には嫌がられる体験の事例も多くありました。

　現代は、４つの〝不〟が失われた時代だと言われています。それらは、不快、不足、不潔、不便です。社会は、この４つの〝不〟をなくすように、快適、充足、清潔、便利な方向へ進んでいます。でもそのことで、人間が本来もっている力が失われているとも言えるでしょう。その４つの〝不〟が、森における保育には残っていて、子どもたちは自らのもっている全ての力を発揮して、環境と向き合っていくことができるのです。また森にはもう一つの〝不〟である不思議が充ち満ちているので、子どもたちはいざなわれるように、森で遊び込んでいくのでしょう。

　森における保育では、このようないわゆる負の体験、不の体験が多く含まれているという特徴があります。これらの体験は、保育室中心の保育ではなかなか味わえないものが含まれているようにも思えます。そしてこのような負の体験も含む多様な感情体験を通して、子どもたちは周りの世界に対してかかわっていこうとする意欲や興味・関心が高まっていき、豊かな遊びや活動が生まれていくのです。

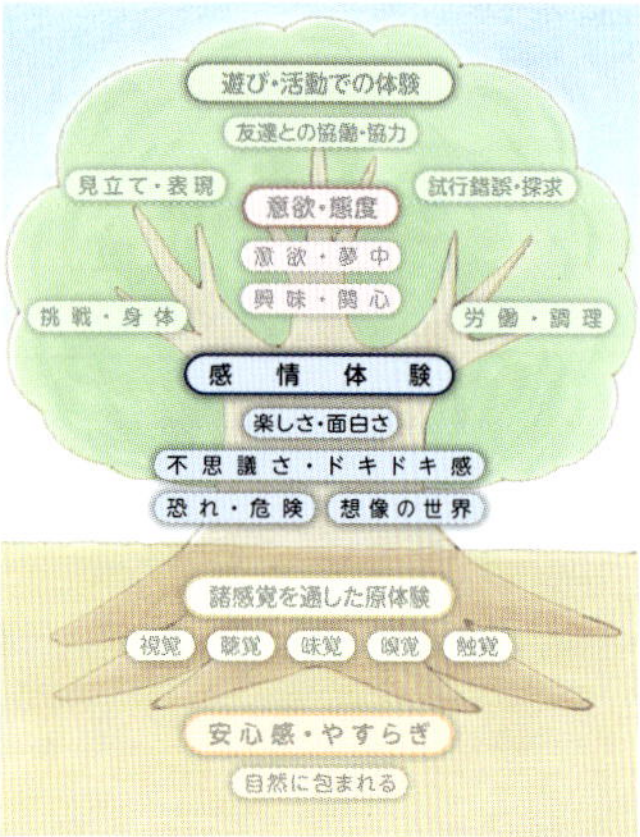

登りたいのに登れない。思い通りにならない体験。

遊具は何もない不便な山頂でも、工夫次第で遊びはたくさん生まれる。

マムシなど、一見人間にとって都合の悪いものとの出会いもある。

5

挑戦的な遊び・身のこなし

森という環境は子どもたちの挑戦する気持ちを引き出し、そこから様々な遊びが生まれます。そして結果として体力や身のこなしが育っていきます。

子どもたちは自分の能力を最大限に発揮させるようにして遊びます。

子どもたちは、スリルのある遊びが大好きです。危険を伴うような綱渡りやターザンブランコ、木登り、崖登り、また自らの手で作りだしたミッションなどの遊びが頻繁に行われています。そんな子どもたちの姿を見て、他園から見学に来た方は、大丈夫ですかと聞いてきたり、子どもたちに手助けをしようとしたりします。しかし、私たちは余計な手助けはしないように伝えています。実は子どもたちは慎重で、自分のできることをよく知っているからです。その中で「怖いけどやってみたい」という気持ちをふくらませて、自分のもっている全ての力を発揮しようとしていくのです。

そのうち子どもたちは、自分たちでスリルのある場所を作って遊びます。

これらの挑戦的な体験ができるのは、森という環境が幼児の挑戦的な気持ちを引き出し、多様な形で幼児のかかわりを受け止めている面が大きいと思われますが、それだけでなく、これらのことを積極的に体験させたいという、本園の危険に関する姿勢が、これらの挑戦的な遊びを保障しているともいえるでしょう。秋田（2011）は、「園が安全管理を重視するがゆえ

森の中は挑戦したくなる場所がいっぱいで、子どもたちをいざないます。

に、『こわいことをやるおもしろさ』を奪い、保育者の手のひらの上で無難に遊ぶことを求めていないだろうか。それは子どもにとって豊かなくらしなのか」と問題提起をしています。子どもの遊びは本来チャレンジングなものなのでしょう。森という環境と、本園の姿勢が、森での挑戦的な遊びを保障しているといえるのではないでしょうか。

これらの挑戦的な遊びなどを含めて様々に身体を用いる体験は、結果として子どもたちの体力や身のこなしによい影響を与えるようです。本園卒園児の体力測定の結果が、８種目中、男女とも半数ほどの項目で全国平均よりも有意に高いことが示されました（５章１５０頁参照）。本園は、特定の運動能力を鍛えるような体育的な活動は行っていません。その中で、卒園児の体力が軒並み高い結果を示したのは、森での挑戦的な遊びも含め、身体を充分に使う活動を行っていたことで、結果として基礎体力や身のこなしの能力が高まると共に、身体を動かすと楽しいという態度も身についたからかもしれません。

6 見立て、表現、ファンタジーの世界

森の中には、何にでも見立てることができる自然物が豊かに存在しています。子どもたちは、自然物とかかわり、想像力をふくらませ、自分たちの遊びの世界を創造していくのです。

山頂には何も遊具はないですが、豊富な自然物に想像力を掻き立てられて遊びます。

森に入ると既製の遊具がありませんから、子どもたちは木ぎれや葉っぱ、枝や石などの自然物を様々なものに見立てて遊び始めます。その想像力は素

恐竜の化石を掘り出してきて骨格を組み立てる。「ここが口《くち》のところよ」

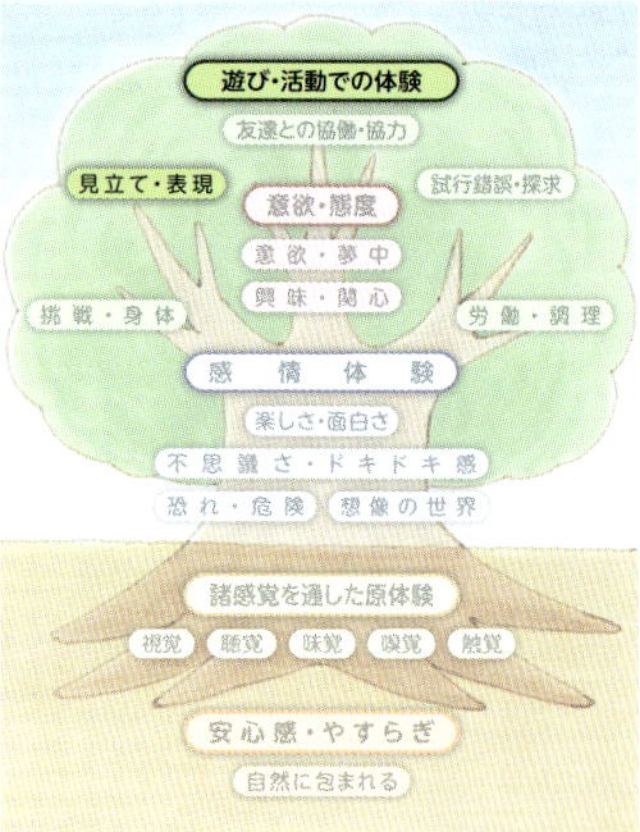

晴らしいものです。使い方が決まっている人工物と違い、どのようにでも自由に見立てることができる自然物だからこそ、葉っぱが魚になったり、石が恐竜の化石になったりすることができます。また同時に、ファンタジーの世界を存分に感じています。本園には語り継がれている「森からもらった物語」があり、子どもたちは幼稚園の森に棲む魔女や野ねずみの存在を感じています。また、森に入って感じる独特の雰囲気から「ここに○○がいるみたい」など、新たな物語を作っていくこともあります。

岡部（2007）は、「季節によって変化を続ける自然は、インスピレーションの宝庫です。もちろん、そこに遊具はありません。ですから、子どもたちは遊びやファンタジーを自由につくりだすことができるのです」と述べています。変化する自然が、子どもたちにインスピレーションを与え、見立てを生みだし、ファンタジーの世界へいざなうのでしょう。このような見立てやファンタジーの世界が豊富にあることも、森の保育の特徴です。

森のちょっと薄暗くて怖いイメージに触発されて。「おばけ屋敷」

7

友達との協働・協力

森の中では、子どもたち同士が一緒に何かをしたり、助け合ったりすることが格段に増えます。大きな自然の中に身を置く者同士という感覚が生まれるからかもしれません。

森で行う保育の特徴として、いざこざが少なくなったり、子どもたち同士が協力し合う場面が見られたりすることがよくあげられます。森という環境で、子どもたちのコミュニケーションが盛んになり、協力が生まれることは様々な文献においても指摘されています。

例えば浜田（2008）は、「森での遊びが偶発的な状況の連続であること、それに即して子どもたちが遊びを生み出すこと、その中では子ども同士が相互に働きかける機会がとても多い」として、「たとえば、幼い身には余る大きい落ち枝を扱おうとしたら、自分だけでは持てないので、誰かに手伝ってもらわなければならない。（中略）それが発話も他者への働きかけも

同じ身体感覚が、子どもたち同士の気持ちをつなぐ。

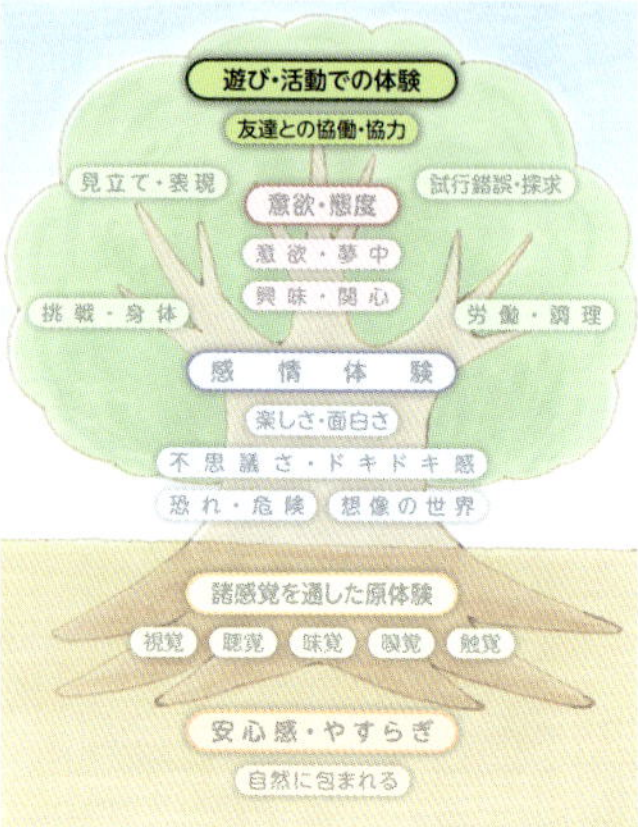

促すことになる」と述べています。大きな自然が相手だと、小さな人間同士は必然的に力を合わせるということです。

この論を受けて友定（２０１１）は、森での活動が会話レベルでの話し合いとは違う「からだレベルでの協働を森が促し」「肯定的な関係を作るという人としての基盤になる」と述べています。年長児の話し合いなどでは、どうしてもそこに参加できにくい子どもも出てきますが、森での活動は身体を介しているので、友達同士で通じ合うことができるというのです。もちろん、どのような保育環境においても、協働や協力の場面は見られると思いますが、保育者が作為をして場面を操作しなくても、森という環境が身体レベルでの協働する体験を促すことができるのが、森の保育の特徴といえるでしょう。

手が届かないところの木の実を獲りたいときも協力がすんなりと。

大きな石を運びたい！必然的に考えを出し合いながら、力を合わせる。

8

労働や調理などの生活体験

私たちは園生活において、自分たちでできることは自分たちですることを大事にしています。それらの活動は、「食べる」など、自らの生活とつながっており、生きることそのものの体験となっています。

育てたいものを考えて、畑の整備をしています。

森で遊びや生活をするようになると、そのための労働もついてきます。

例えば焚き火をするために、焚き付け用の枝（子どもたちはファイヤーの木と呼んでいます）を探してきたり、薪を探してきたりします。落ち葉焚きのための木の枝や落ち葉を集めたり、畑や田んぼの整備や種まき、収穫などをしたり、調理も頻繁に行っています。

稲刈りも自分たちで。

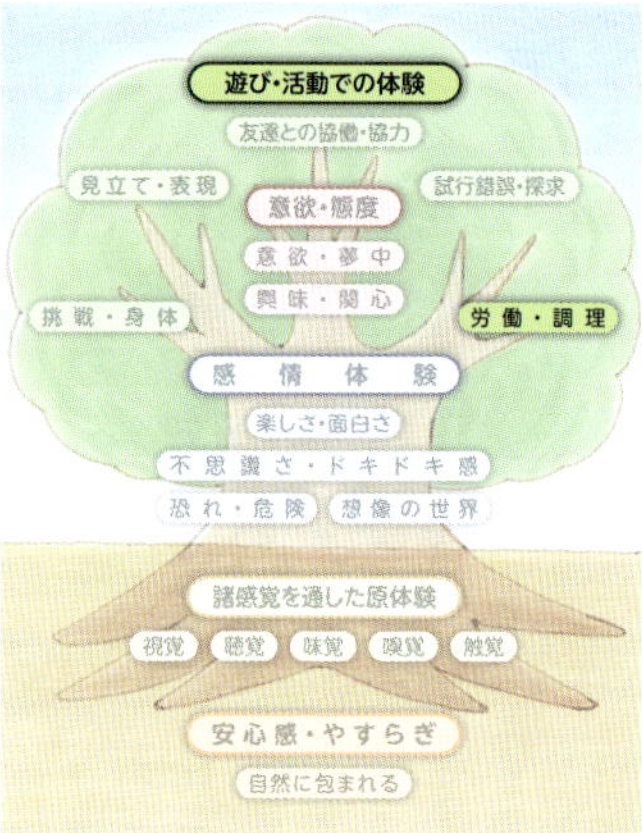

里山的な森とのかかわりができるようにしながら、なるべく子どもたちの手で、生活を進めていくことを大事にして保育を行っています。

大澤（２０１０）は、子どもたちに必要な体験として「自分たちの生活を自分たちで支えている＝労作」の必要性を述べています。本園の子どもたちは、「食べたい」「火で暖まりたい」など、働く必要感のある中で、労働的な活動を行いつつ、自分たちの生活を自分たちで支えていく体験ができているともいえるでしょう。これらは「生きる」ことの体験でもあり、本来の意味での生きる力とも直結する経験であるといえるように思います。

以上、この章では、自然の中での保育で育つ子どもたちがどのような体験をしているのか、その特徴と中身を描き出してみました。自然を通して保育を行うことの意味や根拠となる部分が表れていると思います。第３章では、具体的なカリキュラムを紐解くことで、それぞれの年齢でどのようなものを育てようとしているのかを明らかにしたいと思います。

落ち葉焚きのために、森の大きな木を運ぶよ。

かまどを使い、羽釜でごはんを炊く経験もします。

コラム2

自然の中での保育のQ＆A

Q1 自然の中での遊びが大切なのは、どうして？

A 本園は「森の幼稚園」として、自然の中で遊ぶことを大切にしています。それは、自然の中での遊びでしか経験することのできないことがたくさんあるからです。自然の中に身を置くと、五感をフルに発揮して、様々なことを感じます。そして、「うわぁ！」と思わず声を上げるような不思議なものや美しいものとの出会いがたくさんあります。紅葉の美しさや、生きている虫の力強さなどは人工の環境では作り出すことができません。このように自然環境は、子どもたちの感性を豊かに育むのです。また、自然の中には既製の遊具や便利な用具はありませんが、子どもたちは木ぎれや葉っぱなどの自然物を何にでも見立てて変身させることができます。一見不便のようですが、子どもたちは想像力や思考力を存分に発揮することができるのです。このように、自然は子どもたちが本来持っている感性や能力をひき出す環境ですから、私たちは自然の中での遊びを大切にしています。

Q2 文字や数は教えないの？

A 本園の保育の中で、文字や数を小学校以降の授業のように一斉に教える時間は設けていません。幼児期は、遊びや生活を通した直接体験を通して学んでいく時期だからです。では、幼稚園生活の中で文字や数が出てこないかというと、そうではありません。例えば、自分たちがしているお店ごっこのメニューを書いたり、今日何人出席したかを数えたり、同じ数ずつ分けたりと、生活の中で文字や数を使う場面はたくさん出てきます。保育者は子どもの必要に応じて、それらを使うための援助を行っています。つまり、子どもの興味に関係なく一斉に教えるのでなく、実際に必要な場面で必要に応じて教えていくのが幼児教育のあるべき姿であり、本園でもそのようにしています。

Q3 森で遊ぶとケガが心配だな？

A 転んだり、草で手を切ったり、また、友達にぶつかるなどのケガは外遊びをしているとよく起こります。私たちは軽いケガは、大きなケガを防ぐためにも大切な経験だと考えています。本園の子どもたちのケガの発生状況は、園庭と森で比べてみると森の方がケガが少なく、またケガをしても程度が軽いです。森の活動を通して、子どもたち自身に、体力や身のこなし、集中力や注意力、また危険を回避したり察知できたりする力が身についていることの表れだと思います。保育者は、大きなケガが起こらないよう森の環境を整えつつ（第4章③「自然の中でのリスク管理」096頁参照）、子どもたちの活動は見守り、止めないようにしています。

第3章

自然を活かした保育カリキュラム

年齢・時期ごとの具体的なカリキュラムを紐解いてみましょう。

① 3歳児のカリキュラム

3歳児Ⅰ期（4・5月）

保育者に親しみ安心しながら、身近な環境にかかわり始める時期

ほとんどの子どもにとって、はじめての集団生活である入園当初のこの時期、子どもたちも緊張していますが、保育者たちも子どもたちに安心してもらいたい、早く仲良くなりたいと一生懸命です。そんなときに、ダンゴムシやウサギなどが、両者の心を和ませてくれるかもしれません。

この時期の●ねらい・内容

●自己の側面

園生活に慣れ、喜んで登園する

- 保育者のそばや、好きな遊びができる場所などで安心して過ごす。安心
- 好きな遊びをしたり楽しい時間を過ごしたりすることで、幼稚園は楽しいと感じる。安心
- 保育室内外の身近なものに、自分からかかわって遊ぶ。主体性
- 身支度など自分でやってみようとする。自立

●他者の側面

保育者と一緒に過ごしながら、親しみをもつ

- 保育者に受け止められたり、一緒に遊んだりすることで、親しみの気持ちをもつ。親しみ
- 集いを通してクラスの友達と歌を歌ったりおやつを食べたりすることを楽しむ。親しみ
- 自分のしたいことや、してほしいことを保育者にしぐさや言葉で表現する。コミュ

コミュ＝コミュニケーション（以下同）

●環境の側面

身近にあるものに出会い、見たり触ったりしようとする

- 砂、水、泥、草花などの身近な素材と出会い、それらの感触を楽しんだりそれらを使って遊んだりする。感性 興味
- 飼育動物に餌を与えたりかかわったりすることで、親しみをもつ。感性
- 身近にいる生き物や草花に興味をもち、見たり触ったり集めたりする。興味

●自己の側面

園生活に慣れ、喜んで登園する

入園したての子どもたちは、保護者と離れることや園生活への見通しがもてないことによる不安が大きいことが多いですね。泣いて保育者のそばから離れられない子どもも多くいることでしょう。

保育者はそのような不安な気持ちを受け止めつつ、園が子どもたちの居場所になるように支えること、つまり「園生活に慣れ、喜んで登園する」ことが、この時期の一番のねらいになります。

そのために保育者は、子どもたちを取り巻く身近なものとの出会いを支えていきます。そのときに大切にしたいのは『どんなものとかかわってもいいんだよ』というメッセージを伝えることだと思っています。戸外に出ると、砂、泥、ダンゴムシ、タンポポなどが待っています。それらに心動かされる子どもも多いでしょう。その際に、『大丈夫だよ』と心の後押しをしてあげることで、子どもたちは安心して身近な環境に心を開き、自分の力を発揮して遊ぶようになり、そのことで、園が居場所となっていきます。

●他者の側面

保育者と一緒に過ごしながら、親しみをもつ

身体がいくつあっても足りない〜！
でも、今の子どもたちを支えたい
一緒にする〜？

入園したての不安な子どもたちにとって、園にも家と同じように自分のことを大事に思い、見守ってくれる存在がいると感じることができたら、安心して園生活を始められますよね。泣いているときに抱っこしたり、一緒に遊んだり、歌を歌ったり。そのように「保育者と一緒に過ごしながら、親しみをもつ」ことをこの時期のねらいとしています。

この時期の保育者は、実際猫の手も借りたいぐらい忙しいことでしょう。身体は一つですが、子どもたち一人一人と向き合っていかないと、信頼関係を築くことはできませんね。十分に応えられず、子どもに翻弄されることもしばしばです。

そんなとき、私はみんなで楽しい時間をもつことを大事にしています。みんなでおやつを食べて『おいしいね』と微笑み合ったり、スキンシップやユーモアのある遊びを通して、笑い合ったりすることで、次第に『園大好き、先生大好き』な子どもになっていくことを実感します。大変だけど、手応えを感じる充実した時間です。

●環境の側面
身近にあるものに出会い、見たり触ったりしようとする

出会いを支える
出会っている邪魔をしない
みて みて きれいな色
わー
泥んこ気持ちいー!♡
危なそうに見えるけど大丈夫よね
わたしもするー!!
いそいそ

幼稚園入園までは、ほとんど戸外で遊んだことがない子どもも少なくありません。森の幼稚園への入園によって、子どもたちの出会う環境はぐんと広がります。ですからこの時期、**「身近にあるものに出会い、見たり触ったりしようとする」**ことをねらいとしています。

身近なものとの出会いを支えるための保育者の姿勢として、「出会いを支える」ことと「邪魔をしない」ことを心がけています。一歩保育室を出ると、砂があり、泥があり、草花があり、虫もいます。しかし、それらのものは、目の前にあっても子どもたちには見えていないこともよくあります。そこで、保育者が率先して遊んだり、気付きやすいように用意しておいたりして、出会いを支えます。一方で、水たまりに入っていったり、急な斜面を登りだしたりなど、予想外のことをやり始めたりすることもあります。そのようなときには子どもたちのやり始めたこと、心が動いたことの邪魔をしないことです。近くで見守ることで、子どもたちは安心して新しい環境に出会っていくことができるでしょう。

3歳児Ⅱ期（6～10月）

保育者や身近にいる友達とかかわりながら、遊びを楽しむ時期

園生活に慣れてきた子どもたちは、思いのままにかかわる対象を広げながら、自分のしたいことを見つけて遊ぶようになっていきます。遊びもダイナミックになっていき、友達もできて一緒に遊ぶことも増えていきます。

この時期のねらい・内容

●自己の側面

自分のしたいことを見つけ、やってみようとする

- 喜んで登園し、園生活を楽しむ。 安心
- やりたい遊びや面白そうな遊びを見つけ、やってみようとする。 主体性
- 身支度などできることを自分でしようとし、できることを喜ぶ。 自立

●他者の側面

保育者や友達とかかわりながら、一緒に過ごす心地よさを感じる

- 保育者や友達とかかわって遊び、親しみの気持ちをもつ。 親しみ
- 保育者や友達に自分の思いを身振りや言葉などで伝えようとする。 コミュ
- 友達が自分の思い通りにならないことやいざこざを経験する。 コミュ
- 友達と同じ場で遊び、やりとりをすることで、一緒に遊ぶ楽しさを感じる。 協同

●環境の側面

身近なものにかかわりながら、面白さや驚きなどを感じる

- 身近にあるものに諸感覚を通してかかわり、驚いたり面白がったりする。 感性
- 森にあるものや栽培物を食べることで、おいしさや嬉しさを感じる。 感性
- 身近な草花を使ってままごとをしたり、虫を捕まえたり、自然物集めをしたりするなど、身近な自然物への興味をもち、それらとかかわって遊ぶ。 興味

周りにかかわって
いこうとする
意欲が高まってきちょるね
ぼく しない
ありさん
あり いたー
とって とって

●自己の側面

自分のしたいことを見つけ、やってみようとする

園環境に慣れてくるこの時期、子どもたちには、好きな遊びをとことんやってほしいと思っています。そこで、**「自分のしたいことを見つけ、やってみようとする」**ことをねらいとしています。

主体性の発揮のしかたには個人差があり、ためらわずにどんどんとかかわっていく子どももいますが、保育者に頼ろうとしたり、慎重で手をなかなか出さない子どももいますね。そのようなときは、その子のペースに合わせて見守っていこうとする心の余裕が保育者にほしいですね。「機が熟する」という言葉がありますが、子どもたちは十分安心できたり、やってみたい気持ちが勝ったときに、その遊びをやってみようとするように思います。

やってみて感じた楽しさや満足感、できたという有能感が、さらなる意欲、かかわっていこうとする態度を生んでいきます。子どもたちが心惹かれる環境と十分な時間を保障して、ゆったりとした気持ちで、子どもたちと過ごしたいものです。

●他者の側面

保育者や友達とかかわりながら、一緒に過ごす心地よさを感じる

3歳児の子どもたちも、この時期になると友達ができる子どもも多く、一緒に遊ぶことも増えてきます。一方で、友達とかかわるときに緊張したり、うまく言葉では表現できない子どももいます。また、かかわりが増えることでいざこざも多くなってきます。

そんなこの時期のねらいを**「保育者や友達とかかわりながら、一緒に過ごす心地よさを感じる」**としています。いざこざが起こると、それを止めて、誰がどう悪いかを一生懸命説明して謝らせようとする保育者がいますが、この時期の子どもたちにそれが有効なのでしょうか。友達とかかわり始めたこの時期に私たちが大切にしたいのは「友達っていいな」「一緒って楽しいな」という、他者に対する基本的な信頼感を築くことだと思っています。ですから、いざこざや困ったことが起こっても、そのときを保育者も一緒になって楽しい時間に変えながら、いざこざよりも一緒に遊ぶほうが楽しいなと感じたり、こうやって友達に伝えたらいいんだなと経験を通して学んでいけばよいのだと思います。

●環境の側面

身近なものにかかわりながら、面白さや驚きなどを感じる

子どもたちの感性は敏感です。戸外に出て過ごすようになると、様々なものに反応します。そこで、この時期のねらいを「**身近なものにかかわりながら、面白さや驚きなどを感じる**」としています。

「出会いを支える」ことと「邪魔をしない」ことをしていると、様々な身近な自然物との出会いが生まれます。そのときに、子どもたちが感じている「おお！」とか「わあ！」を一緒に受け止める存在でありたいと思います。また、保育者自身が、自然の中で面白さや不思議さを感じていることが、子どもたちに伝播することもよくありますので、私たち自身が自然に開かれ感性を豊かにしていたいですね。

もう一つ大事にしたいのは、五感全てを使えるような工夫をすることです。現代社会は視覚優位で、他の感覚を使うことが少なくなっていると言われています。感性豊かなこの時期に、素朴な自然物を味わったり、自然の匂いをかいだり、様々なものに触れてみる経験をすることは、原体験として子どもたちの心に深く刻まれることが報告されています。

3歳児Ⅲ期（11～3月）

身近な環境に興味をもってかかわりながら、友達と一緒に遊ぶ楽しさを感じていく時期

園生活にも慣れ、すっかり森の幼稚園の子どもになった子どもたち。周りのものとかかわろうとする態度も高まり、友達とのやりとりを楽しみながら、たくましく山登りも楽しむようになります。

この時期の●ねらい・内容

●自己の側面

やりたい遊びに繰り返し取り組もうとする

- してみたいことに自分から取り組もうとする。主体性
- 気に入った遊びを、繰り返し楽しむ。主体性
- 園生活で必要なことや自分ができることをしようとする。自立 主体性

●他者の側面

友達や保育者に自分の思いを表しながら、一緒に遊ぶことを楽しむ

- ごっこ遊びや集団遊びを通して、様々な友達とかかわり合って遊ぶ。親しみ
- 思ったことを自分なりに言葉などで表現する。コミュ
- 友達とのいざこざや葛藤を経験する。コミュ
- 気の合う友達とやりとりをしながら一緒に遊ぶことを楽しむ。協同

●環境の側面

身近なものに諸感覚を通してかかわりながら、それらを使って遊ぶ

- 雪、氷、霜柱など冬ならではの身近な自然物にかかわり、その色や形、感触の面白さを感じる。感性
- 身近な自然物を集めたり、見立てたり使ったりして遊ぶ。興味
- 繰り返し遊ぶ中で、自分なりにやりたいことを試してみる。興味

●自己の側面

やりたい遊びに繰り返し取り組もうとする

おや 今日も ダンゴムシ探し隊 ですか？
そうで！ 今日もいっぱい 見つけるんで
同じことばかりしているように見えるけど子ども達の心はすごく動いているのよね
いいねえ 今日も報告 待ってるよ
まかせといて いってきます！

目に見える行動じゃなくて、子どもが感じている内面をとらえていきたいね

この時期になると、子どもたちも園生活にすっかり慣れており、毎日のように同じ遊びを繰り返すことも増えてくるかもしれません。そんなこの時期のねらいは**「やりたい遊びに繰り返し取り組もうとする」**です。

しかし、毎日同じことをしていると、発展性がないと考え、もっと別のことをしたらと提案したくなることもあります。同じことばかりしていると保護者から心配がよせられることもあるかもしれません。繰り返すときには、そのことに楽しさを感じて夢中になったり没頭したりしていることが多いです。子どもたちは何度も何度も再現することを楽しみます。見た目には分かりにくいですが、子どもにとっては同じことではないこともよくあります。

保育者は、端から見ているだけでは分かりにくい、子どもが感じている内面を感じられる存在でありたいですね。その子どもが感じている楽しさや満足感を受け止めることができますし、実際退屈に感じているのであれば、別の素材や方法への気づきを促すなどの援助が可能となります。

●他者の側面

友達や保育者に自分の思いを表しながら、一緒に遊ぶことを楽しむ

友達と一緒に遊ぶことが増え、やりとりも頻繁に行われるようになるこの時期は、**「友達や保育者に自分の思いを表しながら、一緒に遊ぶことを楽しむ」**ことをねらいとしています。

自分の思いを友達にどんどんぶつけていく自己主張が強い子どももいる一方で、友達に自分の思いを表しにくい子どももいます。友達の思いや提案を受け入れている子どもは、やさしい子でいい子だと思われがちな一方で、自己主張が強すぎる子どもはわがままと捉えられ、友達の思いも受け入れるように指導されることもあるでしょう。自己主張と自己抑制はどちらも大切ですが、そこには育つ順序があるように思います。友達と本格的にかかわりはじめたこの時期には、思いを抑えるより、思いを表現する喜びを味わうことを大切にしたいと思っています。

安心して思いを表現できるクラスの雰囲気を作りながら、一人一人が自分の思いを表すことのできる生活を支えることで、友達と一緒に遊ぶ楽しさを味わってほしいと思っています。

●環境の側面

身近なものに諸感覚を通してかかわりながら、それらを使って遊ぶ

この時期になると、子どもたちは自ら山際の身近な環境にかかわって遊ぶようになっています。そこで、**「身近なものに諸感覚を通してかかわりながら、それらを使って遊ぶ」**ことをねらいとしています。諸感覚を通してかかわることに関してはⅡ期のところで述べました。ここでは、「それらを使って遊ぶ」ことについて述べたいと思います。

入園当初は、たとえ遊びに使える自然物が目の前にあっても、子どもたちは自分と関係あるものとして見えていないのです。それらを保育者や友達が使って遊んでいる様子を見たり、本人が実際に使って遊んだりする経験を通して、次第に『自分と関係あるもの』として見えてくるのだと思います。子どもたちは遊ぶことを通して、木の枝、土、きのこ、坂、氷、火、など様々なものとつながっていきます。

この、身近な環境と自分が関係ある、つながっていると感じることができることが、幼児期のはじめに、まず育みたい感覚だと思っています。自然を慈しむ心も、ここに原点があるように思います。

② 4歳児のカリキュラム

4歳児Ⅰ期（4・5月）

保育者や友達に親しみながら、身近な環境にかかわっていく時期

4歳児クラスは、3歳児クラスから進級してきた子どもたちと、4歳児クラスから入園してきた子どもたちが一緒になります。どちらも環境が変わり、今まで通りの生活ができなくなることで、緊張したりいざこざが起こったりすることがありますが、春の自然にかかわりながら遊ぶことを通して、次第に新しい環境を楽しむようになっていきます。

この時期の●ねらい・内容

●自己の側面

新しい生活に慣れ、遊ぶことを楽しむ

- 保育者に受け止められたりかかわったりすることで、安心感をもつ。安心
- 遊びやおやつなど、楽しい時間を経験することを通して、幼稚園を好きになる。安心
- 自分の好きな遊びを見つけて、やってみたいという気持ちをもつ。主体性
- 身辺整理や着替えなど、生活に必要なことを自分でやってみようとする。自立

●他者の側面

保育者や友達に親しみを感じ、共に過ごすことを喜ぶ

- 保育者や友達と触れ合ったり、一緒に遊んだりすることで親しみを感じる。親しみ
- クラスの友達と、集いやお弁当で一緒に過ごすことを喜ぶ。親しみ
- 保育者や友達に自分の思いを言葉や身振りで伝えようとする。コミュ

●環境の側面

身近なものに諸感覚を通してかかわりながら興味をもつ

- 身近な自然物を見つけたり触ったりしながら、面白さや驚きを感じる。感性
- 砂、水、泥などの自然素材にかかわって遊ぶ楽しさを味わう。興味
- 草花など身近な自然物を使って遊ぶ楽しさを感じる。興味

●自己の側面

新しい生活に慣れ、遊ぶことを楽しむ

本園の４歳児クラスは、３歳児クラスからの進級児と、新入園の子どもたちとの混成クラスになります。新入園児は当然環境の違いに戸惑います。進級児は、今までの生活とあまり変わらないように思われがちですが、保育室や担任が替わりますし、何より仲良くなって安定していたクラスの仲間の中に、全然知らない子どもたちが入ってくるのですから不安は大きいです。

そんな子どもたちが、落ち着いていくきっかけは、やっぱり遊びです。そこで「新しい生活に慣れ、遊ぶことを楽しむ」ことをこの時期のねらいとしています。新入園児は、はじめはちゃめちゃに過ごすこともありますが、園の環境を知りながら様々な遊びができることが分かることで、次第に園の楽しさが分かり、園生活に慣れていきます。一方、進級の子どもたちに対しては、年少児の時にしていた遊びができる環境を用意することで、遊びを通して新しいクラスでの生活を楽しむようになっていきます。そして遊びを通して両者の距離も縮まっていきます。

●他者の側面

保育者や友達に親しみを感じ、共に過ごすことを喜ぶ

クラスの仲間と
過ごすのって楽しいね！
あっちにも
おもしろい木
あるよ～！
おいしいねぇ
ねー
なー
えーよ
あとでね
坂のぼりしようよ

入園して不安を感じている子どもたちにとっても、担任が替わって少し不安定になっている子どもたちにとっても、はじめに安心の拠り所になるのは保育者の存在でしょう。クラスの人数も増えますが、だからこそ『先生はちゃんと私を見てくれている』と子どもたちが感じられるようにしたいものです。とはいえ、進級児はすでに友達関係もできていますし、4歳児になると友達の存在も大きくなっています。そこで、「保育者や友達に親しみを感じ、共に過ごすことを喜ぶ」ことを、この時期のねらいとしています。

この時期には、どうしても新入園児と進級児との間に距離が感じられます。そこで、保育者がその間に入り、みんなで一緒に集って楽しいことをしたり、同じ場で遊ぶことができるように援助したりすることを大切にして保育をしています。共通の経験をしながら、みんなで過ごす楽しさを感じることで、互いの存在を認め合い、クラスの仲間となっていきます。

●環境の側面
身近なものに諸感覚を通してかかわりながら興味をもつ

周りにはおもしろいものがいっぱい！
一緒に楽しもうでー

新入園児では、周りの環境に対するかかわり方に大きな差があります。新入園児は、園には何があるのか、どんな遊びができるのか、特に自然物へのかかわり方や使い方を知らないことがよくあります。そこで、この時期には、進級児の遊んでいる姿などを通して新入園児も身近な環境に興味をもっていってほしいと考え、**「身近なものに諸感覚を通してかかわりながら興味をもつ」**ことをねらいとしています。

保育者は、子どもたちが身近な環境に興味をもちやすいように、自然物との出会いを支えたり、かかわりを促す環境を整えたりすることを大切に保育をします。その際、進級児には今までの経験がありますから、それらの遊びを引き続き行うことができるようにすると共に、その遊びを新入園児が興味をもってやりやすくなる状況作りも必要でしょう。また、砂や泥の触りごこちを楽しんだり、自然物を食べたりするなど、五感を通した新たなものとの出会いを支えることで、これからの遊びや生活が広がっていくと思います。

4歳児Ⅱ期（6〜10月）

友達とのかかわりを広げながら、のびのびと遊びを楽しむ時期

新入園児も園生活に慣れ、皆がダイナミックに自分を解放して遊ぶこの時期は、もっともはちゃめちゃに遊ぶ時期かもしれません。気の合う友達と一緒に遊ぶことが多くなり、人とつながること、ものとつながることの楽しさ、喜びを十分に味わっていきます。

この時期のねらい・内容

●自己の側面

好きな遊びを見つけ、それを繰り返すことで満足感を味わう

- 自分の好きな遊びを見つけて、自分からやってみようとする。主体性
- 好きな遊びをじっくりと行うことで、満足感や充実感を味わう。自信
- 身の回りのことを、自分でやろうとする。自立

●他者の側面

いろいろな友達がいることに気づき、かかわっていこうとする

- クラスのいろいろな友達とかかわり、親しみの気持ちをもつ。親しみ
- 友達に自分の思いを仕草や表情、自分なりの言葉で表現しようとする。コミュ
- 簡単なルールのある遊びをクラスの友達と行う中で、やりとりを楽しむ。コミュ
- 気の合う友達と、思いを出し合いながら一緒に遊ぶことを楽しむ。協同

●環境の側面

心を動かしながら身近なものとかかわり、興味や関心を広げていく

- 諸感覚を通して自然物とのかかわりを広げながら、面白さや不思議さ、美味しさなどを感じる。感性
- 身近にある自然物を集め、それらを使ったり見立てたりして遊ぶ。興味

●自己の側面

好きな遊びを見つけ、それを繰り返すことで満足感を味わう

一人一人の小さな yes の積み重ねを通して満足感を支える

この時期になると、ほとんどの子どもが自分の好きな遊びを見つけて遊ぶようになります。何度も繰り返して同じ遊びをすることも多いです。そこで、この時期のねらいを**「好きな遊びを見つけ、それを繰り返すことで満足感を味わう」**としています。

子どもたちは、単純に見えることでも繰り返して楽しさを味わいます。保育者の仕事は、その子どもが感じている楽しさなどを「楽しいね」などとさりげなく映し返すことだと思います。「楽しいね」「なるほど、そうなんだね」とその価値を分かってくれている大人が身近にいることで、子どもたちの満足感は確かなものとなり、さらなることに自分の力で向かっていこうとする主体性を育むことになります。

注意したいのは、大げさに褒めないことです。保育者が褒めることで、子どもたちが自分のしたいことより、褒められることに関心がいく危険性があるからです。褒めることは、往々にして保育者の「思い通り」にさせようとする力が働くことを常に意識しておく必要があるでしょう。

●他者の側面
いろいろな友達がいることに気づき、かかわっていこうとする

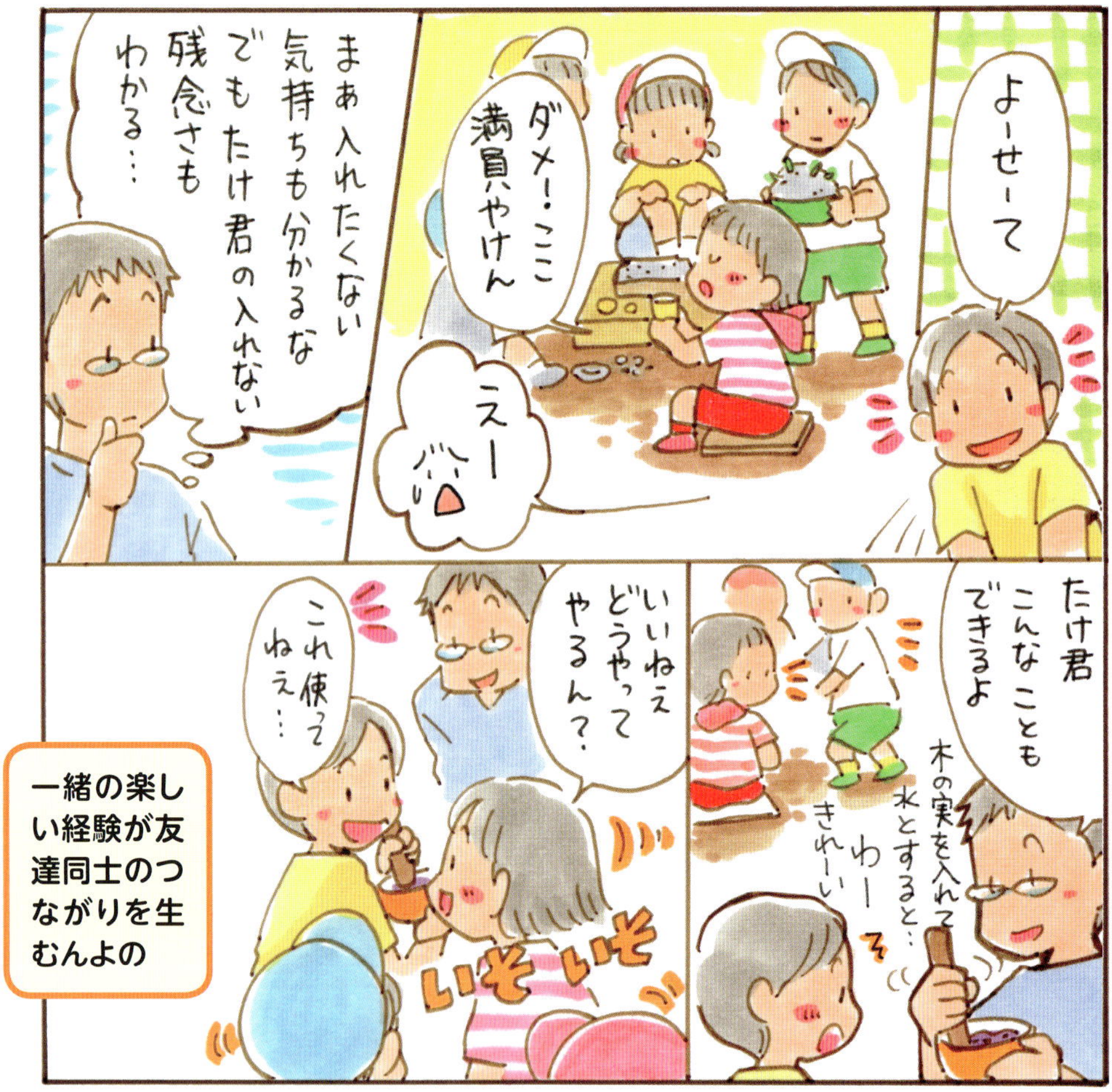

この時期の4歳児は、友達と一緒に遊ぶことがぐんと増えていきます。とは言っても、子どもによっては緊張してなかなか友達にかかわっていけなかったり、気の合う友達と固まろうとしてそれ以外の友達とはかかわろうとしなかったりすることもあります。そこでこの時期のねらいを「いろいろな友達がいることに気づき、かかわっていこうとする」としています。

この時期、仲良しグループが固まって、それ以外の友達を入れようとしないことは、ある程度は自然なことだと思います。安心できる友達との関係を守りたいですからね。ですから、それ以外の友達とも遊びを通してかかわる状況を作り、新たな関係が築けるよう支えています。子どもたちは、一緒に何かをする共通体験を通してすぐに仲良くなってしまうことがよくあります。仲良しグループと一緒にいたいという気持ちも認めつつ、他の友達とも一緒に過ごす機会を保障することで、様々な友達にかかわっていこうとする態度が徐々に育まれていくのでしょう。

●環境の側面

心を動かしながら身近なものとかかわり、興味や関心を広げていく

この時期になると、子どもたちの活動が活発になり、活動範囲も広がり、かかわる対象も増えていきます。そこでこの時期のねらいを**「心を動かしながら身近なものとかかわり、興味や関心を広げていく」**としています。

子どもたちの自然からの呼びかけに応える感性はすごいもので、実に様々なものに心を動かしていきます。子どもたちの行動の中には一見無謀に見えるものもありますが、子どもたちは実はちゃんと自分の力を分かっていて行っていることがほとんどです。ですから保育者は、もし失敗しても大丈夫かどうかを見極めながら、なるべく邪魔をしない態度が必要だと思います。

同様のことは、動植物とのかかわりにもいえます。一般にケムシを触ったりキノコを採ったりすると、「毒だからダメ」と禁止することが多いようです。しかし実際には、よく分からないから闇雲に禁止していることが多いようです。保育者が正しい知識をもつことで、子どもたちの主体的な活動の邪魔をしなくてすむようになります。それも大切な専門性といえるでしょう。

4歳児Ⅲ期（11～3月）

友達とかかわり合いながら、一緒に遊ぶことを楽しむ時期

友達との関係はますます確かなものとなり、一緒に過ごしながら遊びを話し合って作るようになります。その友達との関係の中で、自分らしさを発揮することを学んでいく時期でもあります。

この時期の●ねらい・内容

●自己の側面

自分なりのめあてに向かって、自ら取り組もうとする

- 自分のやりたいことを見つけ、積極的にやってみようとする。主体性
- 新しいことや難しいことに取り組もうとし、やり遂げる喜びを感じる。自信
- 当番活動などの活動を通して、みんなの役に立つ喜びを味わう。主体性

●他者の側面

思いを出し合いながら、友達と一緒に遊ぶ喜びを感じる

- 友達や先生に対して必要なことを言葉で伝えようとしたり、友達の話していることを聴こうとしたりする。コミュ
- 友達と思いを出し合いながら一緒に遊ぶことを喜ぶ。協同

●環境の側面

身近なものを見立てたり試したりしながら遊ぶ

- 冬の自然とかかわり、驚きや不思議さ、面白さなどを感じる。感性
- 森の中の自然物の場所がわかり、必要なものを自分で集めて遊びに使う。興味
- 身近なものを、自分なりに見立てたり、使ったり、試したりしながら遊ぶことを楽しむ。創造

●自己の側面

自分なりのめあてに向かって、自ら取り組もうとする

この時期になると、ほとんどの子どもは友達と一緒に遊ぶことを楽しむようになります。ですから保護者の方も、我が子が一人で遊んでいると心配し、友達と遊んでいると安心しがちだと思います。しかし私たちは、友達と遊んでいること自体が重要だとは考えません。自分のしたいことがあること、自分自身が対象に対して力を発揮していることがより重要だと考えています。そこで、この時期のねらいを**「自分なりのめあてに向かって、自ら取り組もうとする」**としています。

このねらいは、もちろん友達と一緒に遊ぶことを否定するものではありません。友達と遊ぼうとすることを否定されるのは、子どもたちにとって自分の居場所をなくすようなショックなことでしょう。ですから友達と一緒に遊ぶ中で友達と一緒に過ごすことだけが目的とならないよう、自分のしたいことを見つけ、それをやる充実感や満足感を味わえるように支えたいと思っています。一人一人が自分なりのこだわりや自分らしさを発揮できる生活を送れるようにしたいものです。

●他者の側面

思いを出し合いながら、友達と一緒に遊ぶ喜びを感じる

自分の遊びや生活の中で必要だからこそ、自分の思いは出せる。そこでぶつかり合える。必要感が大事

この時期になると、ほとんどの子どもが友達と会話しながら一緒に遊ぶことを楽しみます。そこで、この時期のねらいを「思いを出し合いながら、友達と一緒に遊ぶ喜びを感じる」としています。

気の合う友達と安定して遊ぶようになると会話は頻繁になるのですが、その集団を仕切る子とそれに従う子が固定化してきやすいです。発言はしていても自分の思いを相手にきちんと伝えられていないこともよくあります。仕切る子どもが一方的に他の子どもに指示を与えている姿を見ると、保育者はその子どもに「相手の気持ちを考えて言動するように」という主旨のことを伝えることがままあります。しかし、そのように大人が先回りしても、子どもたちの中に必要感がない限り関係性は変わりません。ここでは、周りの子どもたちが自分の思いを伝えることができるようにねばり強く保育者が援助していく必要があるように思います。保育者の先回りの言葉より、生活や遊びの中での友達の本気の一言の方がより響くことでしょう。

●環境の側面
身近なものを見立てたり試したりしながら遊ぶ

効率を優先せず、試すこと、無駄を保障すること。自分で気づいたことは確かに根付く

この時期になると、子どもたちも森にどのようなものがあるか分かるようになっており、自分たちで遊びに必要なものを探したり採ってきたりするようになります。そこで、この時期のねらいを**「身近なものを見立てたり試したりしながら遊ぶ」**としています。

見立てたり試したりすることを支える第一歩は、無駄に見える子どもたちの行為を保障することでしょう。保育者は効率を求めがちで、子どもたちが停滞していると判断すると、「もっといいものがあるよ」「こうしてみることもできるんじゃない」などと助言をしたがります。もちろん子どもが諦めかけたり、強く求めているけど手段や方法が見つけられそうにない場合には、気付きを促すような援助も必要です。しかし、そのタイミングが早すぎる場合が多いように思うのです。保育者は、子どもなりの見立てや試しを受け止めながら、無駄に見えることを一緒に楽しむ態度でいることが、子どもがねばり強く試行錯誤していく態度を育むことにつながっていくと思います。

③

5歳児のカリキュラム

5歳児Ⅰ期（4〜7月）

友達とのつながりを感じながら、自分の力を試していく時期

年長組に進級した子どもたちは、一番年上のクラスになったことで、とても張り切っています。年少の子どもたちのお世話をしようとしたり、園で飼っている動物の当番活動を頑張ったり、今までできなかったことに挑戦したりしますが、気持ちばかりが先走って空回りすることもあります。

この時期の●ねらい・内容

●自己の側面

自分の力を試しながら、進んで遊びや生活に取り組む

- 新しい遊びに挑戦しながら、意欲的に自分の力を試してみようとする。主体性
- 年長組になった喜びを感じながら、張り切って生活する。自信
- 片付けパトロールや飼育当番など、園生活で必要なことを進んでやろうとする。主体性

●他者の側面

一緒に遊んだり活動したりする中で、友達と思いを伝え合おうとする

- いろいろな友達と互いの思いや考えを言葉で伝え合う。コミュ
- 友達と力を合わせたり、話し合ったりしながら遊ぼうとする。協同

●環境の側面

身近な環境とのかかわりを広げながら、試したり工夫したりして遊ぶ

- 自然物に対して食べたり匂いを嗅いだりするなど、諸感覚を働かせてかかわる。感性
- 動植物をじっくり観察したりかかわったりすることで、そのものの特性に気付いたり、関心を高めたりする。興味
- 身近な自然物を使って、自分なりに工夫しながら遊ぶことを楽しむ。創造
- 山際で、自分たちの遊び場所を作ろうとする。創造

●自己の側面

自分の力を試しながら、進んで遊びや生活に取り組む

自分の力でなし得たことが、本当の自信になっていくけんね。じっくり見守ろう

年長組に進級した子どもたちは、気持ちも充実して様々なことをやってみようとする意欲に満ちています。そこで、この時期のねらいを**「自分の力を試しながら、進んで遊びや生活に取り組む」**としています。

子どもたちが力を試す場面は、今までできなかったターザンブランコに挑戦しようとしたり、新しい道具である釘打ちをしようとしたり、当番活動を張り切ったりなど様々です。ただし、気持ちはあっても、うまくいくことばかりではないので、気持ちが切れたり自信をなくしたりすることもあります。そこで、この時期には、子どもたちのやろうとする意欲を受け止め、実際に取り組めることを支えながら、うまくいかないことも含めて支えていくことを大事にしています。保育者がゆったりとした気持ちで、できない気持ちも受け止めつつ、もう一度やってみる道筋を残しておくような援助をしていきます。この時期に挑戦し、苦労して実際になし得たことは、確かな自信となり、今後の園生活のさらなる意欲を生んでいきます。

●他者の側面

一緒に遊んだり活動したりする中で、友達と思いを伝え合おうとする

年長組になると、どんな遊びを展開していくかや、クラスのみんなでどんなことをするかなど、遊びや生活について話し合う機会が増えてきます。そこで、この時期のねらいを「一緒に遊んだり活動したりする中で、友達と思いを伝え合おうとする」としています。

話し合いをするためには、年長組になるまでに自分の思いを素直に表現できることや、友達の話を聞こうとする態度が育っていることが前提となります。しかしそれでも、クラス全体の話し合いで、「自分のこととして」話したり聞いたりすることは難しいものです。そうなるためには、話す内容が「自分のこと」であることが必要です。保育者があらかじめ決めてしまったことをする生活では、「自分のこととして」考えることは当然できません。時間がかかっても、遊びや生活を決めていくのはあくまであなたたちなのだと伝え、どのような結果になってもそれを受け止める態度が、保育者には必要でしょう。そのことが「自分のこととして」考える気持ちを育みます。

●環境の側面

身近な環境とのかかわりを広げながら、試したり工夫したりして遊ぶ

本園では、森で過ごす拠点となる場所を、各年齢ごとに定めています。年長組になり、「ことりの広場」と呼ばれる場所で遊び始める子どもたちは、今までの経験も生かしつつ、新たな自然物との出会いをしていきます。そこで、この時期のねらいを**「身近な環境とのかかわりを広げながら、試したり工夫したりして遊ぶ」**としています。

この時期になると、子どもたちは数人で「お店屋さん」などの共通のイメージをもって遊ぶことが多いので、そのための自分たちだけの場所をほしがります。そこで、釘やのこぎりなどの用具と廃材などの材料を自由に使えるようにしています。そのため、子どもたちは自分たちで考えながら看板や机など必要なものを作ってみようとするようになります。また、自然物に対して「何だろう」と疑問に思ったり、じっくりと観察してそのものの特性を感じとったりするようになりますので、必要に応じて虫眼鏡や図鑑などを用意します。手を加えたり調べたり確かめたりすることができる環境が、子どもたちのかかわりを広げていきます。

5歳児Ⅱ期（8〜12月）

友達と思いを出し合いながら、一緒に遊びや生活を進めていく時期

おとまり保育や最後の運動会を経験する子どもたち。その中で、友達と協力して何かをやり遂げる充実感や、自分の力で成し遂げる達成感を味わい、力を合わせて遊びや生活を進めていくようになります。

この時期のねらい・内容

●自己の側面

自分のしたいことや、すべきことを見つけて取り組み、達成感を味わう

- 自分のしたいことやめあてに向かって、積極的に取り組もうとする。主体性
- 自分のめあてを実現した達成感や充実感を味わう。自信
- 遊びや活動の中で自分のすべきことや、自分の役割を見つけようとする。主体性

●他者の側面

友達と共通のめあてに向かって協力する喜びを感じる

- 友達に自分の思いを伝えたり、友達の思いや考えを聞こうとしたりする。コミュ
- 遊びのアイデアを伝え合い、それを取り入れながら一緒に遊びを進めていく。協同
- 友達と一緒に力を合わせながら遊ぶ楽しさを味わう。協同

●環境の側面

自分たちで考えたり工夫したりしながら、遊びを充実させていく

- 友達と一緒にアイデアを出し合い、遊びが充実する楽しさを味わう。創造
- 自然物や自然空間を様々に見立てて使ったり、それらを利用したりする。創造
- その季節の恵みを頂いたり、季節の移り変わりを感じたりしながら遊ぶ。感性

●自己の側面

自分のしたいことや、すべきことを見つけて取り組み、達成感を味わう

この時期になると、友達と共通のめあてを見つけながら遊びや生活を進めるようになっていますので、あまり自分のしたいことは表に出てこない傾向にあります。しかし、友達と共通のめあてを見つけていくためには、自分のしたいことがはっきりとあり、みんなで遊びや生活を進めるためにすべきことを感じている必要があります。そこで、この時期のねらいを**「自分のしたいことや、すべきことを見つけて取り組み、達成感を味わう」**としています。

自分のしたいことやすべきことを見つけるということは、自分の役割を見つけることでもあります。ただし、役割は人から与えられたのでは意欲が出てきません。「みんなでこんな遊びや生活がしたい」という思いのもとに、「こんなことができる」「だから私はこうしたい」というものが、役割になっていくのでしょう。「したいこと」と「すべきこと」と「できること」が一致するものを見つけたとき、大人も子どもも充実感を持って力を発揮することができます。

●他者の側面

友達と共通のめあてに向かって協力する喜びを感じる

この時期は、遊びや生活の中で共通のめあてに向かって活動することが多くなります。そこでねらいを**「友達と共通のめあてに向かって協力する喜びを感じる」**としています。

この期に行われるおとまり保育や運動会では、友達と協力する内容が多く含まれており、その中で子どもたちは力を合わせることで成し遂げる喜びや充実感を味わっていきます。これら行事はすることがはっきりしているので、話し合ったり協力したりしやすいのですが、普段の遊びの中では、何をするかは決まっていません。ですから「共通のめあてを共に見いだしていく」ことが必要になってきます。思いの食い違いがある中で、話し合ったり、試行錯誤したり、折り合いをつけたりすることを通して、共通のめあてを見いだしていく過程が子どもたちにとって大切な経験となるのです。そのやりとりを支えていくことが、めあてに向かって友達同士で協力するエネルギーを生み、一緒に成し遂げる喜びを感じることにつながっていきます。

●環境の側面

自分たちで考えたり工夫したりしながら、遊びを充実させていく

この時期には、それぞれの子どもたちの遊びがこだわりをもったものになり、様々な素材を使って自分たちの遊びを創っていくようになります。そこで、この時期のねらいを**「自分たちで考えたり工夫したりしながら、遊びを充実させていく」**としています。

遊びが充実するとはどういうことでしょうか。それは、どの年齢の子どもでも同じですが、「遊び込む・熱中する」ことでしょう。ただし、この時期になると、子どもたちの思いも「より本物らしくしたい」など、「思い描いたものを実現させたい」というようになってきます。そして、自分だけの満足よりも、仲間と一緒に実現させたいという思いをもっています。ですから、先に述べた「共通のめあてを見いだす」ことを支えながら、友達と一緒に思い描いたことを実現できるように支えていく援助が有効になります。遊び込むことには、考えたり工夫したりする経験が必然的に含まれます。思考力の基礎を育てることは、特別な活動をすることではなく、遊びが充実することの中に含まれているのだと思います。

5歳児Ⅲ期（1〜3月）

一人一人がその子らしさを発揮しながら、園での生活を満喫する時期

いよいよ卒園を迎えるこの時期。クラスは一つの家族のようになっていて、それぞれの子どもたちが互いの個性を認め合いながら、残り少ない時間を慈しむかのように過ごします。山越え探険という最後の試練を経て、子どもたちは小学校に巣立っていきます。

この時期のねらい・内容

●自己の側面

自分らしさを発揮しながら、自信をもって生活する

- 自分のめあてに向かって根気強く取り組み、達成感を味わう。 主体性
- 自分らしさや得意なことを発揮しながら、クラスの中での存在感を味わう。 自信
- 活動や行事など自分のこととして考え、積極的に取り組もうとする。 主体性
- 就学に期待をもち、いろいろな人とのつながりを感じる。 主体性

●他者の側面

互いのその子らしさを感じながら、友達と協力して遊びや生活を進めようとする

- 自分の考えたことを伝えたり、友達の考えを受け止めたりしようとする。 コミュ
- 園生活の中でその子らしさを感じ、その子の得意なことを生かそうとする。 協同
- 互いに励ましたり助け合ったりしながら、クラスの仲間と力を合わせる。 協同

●環境の側面

遊びや生活をよりよくするために、考えを巡らせたり、考え直したりしようとする

- 遊びや行事をよりよくするために、相談しながら自分たちで考えようとする。 創造
- これまでの経験から、身近な素材の特性を生かしたり、新たに工夫したりしながら遊ぶ。 創造

●自己の側面

自分らしさを発揮しながら、自信をもって生活する

この時期になると、ほとんどの子どもがクラスの中でその子らしさを認められて、自分らしく過ごすようになります。そこでこの時期のねらいを**「自分らしさを発揮しながら、自信をもって生活する」**としています。

園生活を通してどのような子どもに育ってほしいかを示した「めざす子ども像」のうち、自己の側面から述べたものが**「自らしようとする遊びや生活に向かって、生き生きと取り組む子ども」**です。私たちが育みたいものは、人と比べるのではなくありのままでいることができる「自分らしさ」であり、自らしようとする遊びや生活に向かって「生き生きと取り組む意欲や態度」です。そして最終的には、そんな自分が大好きだという「自信（自己肯定感）」をもった子どもになってほしいと願っているのです。

幼児期に育まれた自分に対する自信や肯定感が、これからの人生で様々に起こることに対して、自らの意志でかかわっていこう、つながっていこうとする態度の原動力になることを願っています。

●他者の側面

互いのその子らしさを感じながら、友達と協力して遊びや生活を進めようとする

この時期になると、お互いの個性やその子らしさが皆に受け入れられるようになっており、そのことを生かし合って遊びや生活を創るようになります。そこで、この時期のねらいを**「互いのその子らしさを感じながら、友達と協力して遊びや生活を進めようとする」**としています。

「めざす子ども像」のうち、他者の側面から述べたものが**「友達と心を通わせ、協力して遊びや生活を創り出す子ども」**です。私たちは、友達と心を通わせ、友達っていいなと感じる子ども、協力して何かを創り出す喜びを感じる子どもに育ってほしいと願っています。つまり、いろいろな人が周りにいるけれど、やっぱり人と一緒っていいよな、友達っていいな、というように人に対する基本的な信頼感を築いてほしいと願っているのです。幼児期に築いたこの基本的な態度が今後、困難があっても人とつながり協力していこうとする原動力になることを願っています。

●環境の側面

遊びや生活をよりよくするために、考えを巡らせたり、考え直したりしようとする

この時期になると、遊びや生活をよりよくするために、どうすればいいかをじっくりと考えたり、友達の意見を聞きながら考え直したりするようになってきます。そこで、この時期のねらいを**「遊びや生活をよりよくするために、考えを巡らせたり、考え直したりしようとする」**としています。

「めざす子ども像」のうち、環境の側面から述べたものが**「身近な環境に心を動かし、かかわりを深めようとする子ども」**です。私たちは、まずは身近な環境がおもしろいな、不思議だな、と心を動かしていってほしいと願っています。その延長で、どうなっているんだろう、試してみよう、など好奇心や探究心を働かせながら、かかわりを深めていってほしいと思っています。つまり、自分を取り巻く環境っておもしろいな、大好きだなという気持ちを育んでいってほしいと願っているのです。この身の周りの環境に対する関心や愛着が今後、自分を取り巻く環境に対して自分のこととして関心をもってかかわり、行動していく原動力になることを願っています。

④ 森の幼稚園のカリキュラムと「幼児期の終わりまでに育ってほしい姿」との関係について

森での遊びや活動を中心に保育を行っていると、自然体験ばかりしていて小学校以降につながらないのではないか、などの疑問を投げかけられることがあります。そこで、ここでは森で育つことを中心とした本園のカリキュラムと、幼稚園教育要領や保育所保育指針等に新たに示された「幼児期の終わりまでに育ってほしい姿」とを照らしあわせながら示したいと思います。

誤解もたくさんあるようなのではじめに確認しておきますが、「幼児期の終わりまでに育ってほしい姿」は、あくまで幼児期の保育を通してこのような方向に育っていってほしいね、という方向性を示しているものであり、この通りの姿にならないといけないという達成すべき到達目標や評価基準を示したものではありません。幼児期の教育や子どもの育ちを小学校以降に伝えるための足がかりとして、両者の共通の視点となるよう示されたものです。

■幼児期の終わりまでに育ってほしい姿

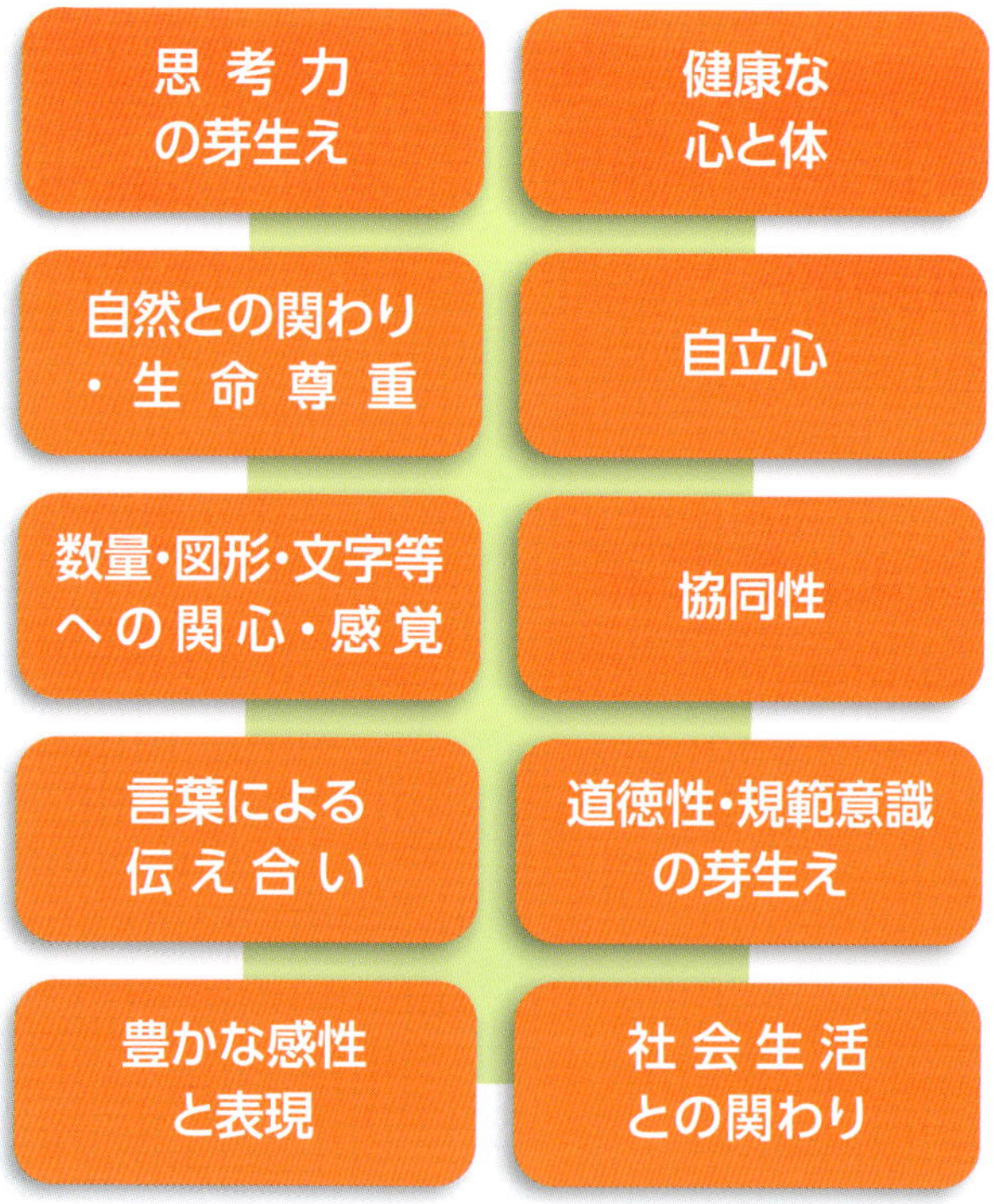

5つの領域のねらい及び内容に基づく活動全体を通して、資質・能力が育まれている幼児の幼稚園終了時の具体的な姿であり、教師が指導を行う際に考慮するもの。

❶健康な心と体

幼稚園生活の中で、充実感をもって自分のやりたいことに向かって心と体を十分に働かせ、見通しをもって行動し、自ら健康で安全な生活をつくり出すようになる。

ここで示されているものは、領域「健康」と関連が深い内容です。ここで重要と考えるのは、**「充実感をもって自分のやりたいことに向かって心と体を十分に働かせ」**の部分です。単に運動的な活動をすればよいのではなく、子ども自身が「やりたい」という意欲をもつことが重要だと示されているのです。これは、本園カリキュラムの中で、4歳児Ⅱ期**「好きな遊びを見つけ、それを繰り返すことで満足感を味わう」**などの部分で、まずはやりたい気持ちを育むことに重きを置いていることと通じます。

　そして、**「自ら健康で安全な生活をつくり出す」**という方向性が示され、自らの手で生活をつくり出すことの重要性が述べられています。これは5歳児Ⅰ期**「自分の力を試しながら、進んで遊びや生活に取り組む」**などに示されているように、自ら生活や遊びをつくり出そうとする態度を育むことと方向性を一にしています。さらに、自ら健康で安全な生活をつくり出すためには、リスクを大人が排除するのではなく、小さなケガもしながら冒険や挑戦などの活動が保障され、危険に対する態度を自ら取れるようになる必要があります。

　森での遊びや生活は、自然にいざなわれることで様々なことをやってみたいという気持ちが生まれやすく、また挑戦したくなる環境が多くあり、多様で柔軟な身体の動きも求められます。その意味で、**❶健康な心と体**を育みやすい環境とは言えるでしょう。しかし単に森という環境があっても、子どもたちが主体的に遊ぶことが保障されていなければ意味がありません。子どもたちが「心と体を十分に働かせる」生活の中で、「自らの手で生活をつくり出す」ことを保障することが必要となるでしょう。

❷自立心

身近な環境に主体的に関わり様々な活動を楽しむ中で、しなければならないことを自覚し、自分の力で行うために考えたり、工夫したりしながら、諦めずにやり遂げることで達成感を味わい、自信をもって行動するようになる。

　ここで示されている内容は領域「人間関係」と関連が深いと言われていますが、その内容は多岐にわたり、幼児教育の中核をなす内容であるとも言えるでしょう。まず、**「しなければならないことを自覚し」**の部分ですが、この内容だけ見ると、強制的に何かをさせられる印象をもつかもしれません。しかしここで述べられていることは、大人にさせられるのではなく、子どもたちが自分たちの生活や遊びを進めていく中で自ら気づき、取り組もうとする内容だと考えられるものです。5歳児Ⅱ期**「自分のしたいことや、すべきことを見つけて取り組み、達成感を味わう」**にも示されていますが、遊びや生活を充実させようとすると、したいことやすべきことを考え、行動するようになります。そして、実現させたいからこそ、**「考えたり、工夫したりしながら、諦めずにやり遂げ」**ようとします。これは5歳児Ⅱ期**「自分たちで**

考えたり工夫したりしながら、遊びを充実させていく」で示された通りです。そして、遊びが充実し、満足感や達成感を味わった結果として、**「自信をもって行動する」**（**5歳児Ⅲ期「自分らしさを発揮しながら、自信をもって生活する」**）ようになるのです。

　ここに示されている内容は、最近話題にもなっている「非認知能力（社会情動的スキル）」の内容を色濃く示しているとも言えるでしょう。幼児期には、知識や技能を教えるのでなく、「心情・意欲・態度」を育むことが中心であり、それらが「学びに向かう力」につながっていくことが、改訂された幼稚園教育要領等でも示されています。ただし、「学びに向かう力」につながるからこれらのものを育む、のでなく、充実感や達成感を味わい、意欲や自信を育んでいくことが幼児教育だから示されているのでしょう。

❸協同性

友達と関わる中で、互いの思いや考えなどを共有し、共通の目的の実現に向けて、考えたり、工夫したり、協力したりし、充実感をもってやり遂げるようになる。

　この内容は、領域「人間関係」の内容をまとめたものとなっていますが、先の**❷自立心**と同様、幼児教育の中核をなす内容だと考えます。**❷自立心**が個の能力・態度を中心に述べられていたのに対し、**❸協同性**は人との関係における能力・態度を中心に述べられているとも言えるでしょう。

　ここで述べられている姿に育っていくためには、**3歳児Ⅱ期「保育者や友達とかかわりながら、一緒に過ごす心地よさを感じる」**に示されているように、人とかかわることの心地よさや楽しさを感じる経験をベースとしつつ、**4歳児Ⅲ期「思いを出し合いながら、友達と一緒に遊ぶ喜びを感じる」**で示されているように、いざこざやけんかなども含め、友達と思いを伝え合う経験を積み重ねていく過程が必要となるでしょう。

　その上で重要だと考えるのが**「共通の目的の実現に向けて」**です。**5歳児Ⅱ期「友達と共通のめあてに向かって協力する喜びを感じる」**にも示した通り、共通の目的を見いだしていく過程そのものが大事になります。やりたいことがあるから、自分の中で譲れないものがあり、その互いの思いや考えを出し合うことで、思いのぶつかり合いをしたり、考えの違いに気づいたりしていきます。そのような過程を経て、共通の目的を見出していくことで、**5歳児Ⅱ期「自分たちで考えたり工夫したりしながら、遊びを充実させていく」**にあるように、自分の考えを修正したり友達の考えを取り入れたりしながら、協力して考えたり工夫したりするようになっていきます。

❹道徳性・規範意識の芽生え

友達と様々な体験を重ねる中で、してよいことや悪いことが分かり、自分の行動を振り返ったり、

友達の気持ちに共感したりし、相手の立場に立って行動するようになる。また、きまりを守る必要性が分かり、自分の気持ちを調整し、友達と折り合いを付けながら、きまりをつくったり、守ったりするようになる。

ここで述べられている内容は、領域「人間関係」の中に示されている道徳性の芽生えと規範意識の芽生えの内容をまとめたものでしょう。道徳性や規範意識というと、「○○しなければならない」という他律的な内容だと思われがちです。実際、「友達と仲良くしなさい」「これはきまりだから守りなさい」と指示や命令で守らせている園も少なくないように思います。しかしそのような保育では、保育者に言われるからきまりを守ることはあっても、**「自分の行動を振り返ったり、友達の気持ちに共感したりし、相手の立場に立って行動するようになる」**とは思えません。**「友達と様々な体験を重ねる中で」**とあるように、幼児期には、実際の体験を通して、必要感を通して学ぶことが最も大切になるでしょう。

4歳児Ⅲ期「思いを出し合いながら、友達と一緒に遊ぶ喜びを感じる」で示したように、保育者が「相手の気持ちを考えて言動するように」と言葉でいくら伝えても、実際にはなかなかうまくいかないと思います。そのようなことを続けたら、下手をすると保育者の前だけではよい子になろうとする子どもになりかねません。５章に紹介するエピソードには、子どもたちが身体レベルで助け合ったり、友達の気持ちに共感したりする例が多く出てきます。また、森での保育の中で、必要感から自分できまりを守ろうとする態度を身につけていく例もたくさんあります。このように、心から相手のことを考えたり、きまりを守る必要性を感じたりする経験が大事だと思います。さらに、**５歳児Ⅱ期「友達と共通のめあてに向かって協力する喜びを感じる」**の説明で示したように、共通のめあてを見つけるために自分の気持ちを調整し、友達と折り合いをつけるなどの経験をしていくことが、この姿で示されている幼児期にふさわしい道徳性や規範意識の芽生えにつながるのではないでしょうか。

⑤社会生活との関わり

家族を大切にしようとする気持ちをもつとともに、地域の身近な人と触れ合う中で、人との様々な関わり方に気付き、相手の気持ちを考えて関わり、自分が役に立つ喜びを感じ、地域に親しみをもつようになる。また、幼稚園内外の様々な環境に関わる中で、遊びや生活に必要な情報を取り入れ、情報に基づき判断したり、情報を伝え合ったり、活用したりするなど、情報を役立てながら活動するようになるとともに、公共の施設を大切に利用するなどして、社会とのつながりなどを意識するようになる。

これは、今回の改訂で意識された「社会に開かれた教育課程」、つまり「よりよい学校教育を通じてよりよい社会を創るという目標を共有し、社会と連携・協働しながら、未来の創り手となるために必要な資質・能力を育む」ことと関連が深い内容です。多くの内容が含まれていますが、ここでの中心は「地域や社会とつながろうとする態度」を育むことだと考えます。この内容は、本園が取り組んでいるESDとも関連が深いものです。

本園のESDへの取り組みに関しては、序章で紹介していますが、「周りの環境や周りの人とつながろうとする態度をもち、様々なことを自分のこととして考え行動する持続可能な社会の担い手」となるための基礎となる能力や態度を身につけることがその中心です。つまり、「周りのひと・もの・こととつながろうとする態度」を育成したいと考え、カリキュラムを編成しています。カリキュラムの中では「主体性」という言葉で表しているものです。

本園の場合は立地条件もあり、地域の人との触れ合いや、公共の施設の利用はそれほど行っていません。**5歳児Ⅱ期「自分のしたいことや、すべきことを見つけて取り組み、達成感を味わう」**で示したように、遊びや生活の中で起こる様々なことに対して、自分のこととして考え、そこにかかわっていこうとする態度を育成することをカリキュラムの中で大事にしています。

❻思考力の芽生え

身近な事象に積極的に関わる中で、物の性質や仕組みなどを感じ取ったり、気付いたりし、考えたり、予想したり、工夫したりするなど、多様な関わりを楽しむようになる。また、友達の様々な考えに触れる中で、自分と異なる考えがあることに気付き、自ら判断したり、考え直したりするなど、新しい考えを生み出す喜びを味わいながら、自分の考えをよりよいものにするようになる。

ここで述べられているのは、領域「環境」の内容で「身近な物や遊具に興味をもって関わり、自分なりに比べたり、関連付けたりしながら考えたり、試したりして工夫して遊ぶ」の中身を深めている姿でしょう。「幼児期の終わりまでに育ってほしい姿」はすべてそうなのですが、ここで示した内容を「思考力の芽生えを育てなさい」と外から強制されるものとして読んでしまうと、幼児期の遊びや生活がいびつなものになる懸念を抱きます。**5歳児Ⅱ期「自分たちで考えたり工夫したりしながら、遊びを充実させていく」**で示したように、子どもたち自身が遊びに熱中することがまず大事で、その中から思考力の芽生えは生まれてくるものでしょう。遊び込む中で「もっとこう

したい」「どうしてだろう」などの思いから、その子なりに試行錯誤し、探究するようになっていきます。さらに、遊びが深まってくると、友達と一緒に考えるようになります。**5歳児Ⅲ期「遊びや生活をよりよくするために、考えを巡らせたり、考え直したりしようとする」**にあるように、話し合って友達の意見を取り入れることも出てくるでしょう。自然の中で不思議なことや面白いことをたくさん体験し、自分なりに何度も試したり工夫したりする環境を与えられ、友達と話して考え直す機会を与えられる、そんな生活が保障されることで、思考力の芽は育っていくのではないでしょうか。

❼自然との関わり・生命尊重

自然に触れて感動する体験を通して、自然の変化などを感じ取り、好奇心や探究心をもって考え言葉などで表現しながら、身近な事象への関心が高まるとともに、自然への愛情や畏敬の念をもつようになる。また、身近な動植物に心を動かされる中で、生命の不思議さや尊さに気付き、身近な動植物への接し方を考え、命あるものとしていたわり、大切にする気持ちをもって関わるようになる。

ここで述べられているのは、領域「環境」の自然にかかわる内容です。領域「環境」には自然にかかわる記載が多くあり、この姿も「身近な動植物に親しみをもって接し、生命の尊さに気付き、いたわったり、大切にしたりする」の中身と合致しています。ここに書いてある内容は、まさに自然の中で保育を行う「森のようちえん」などの取り組みが得意とすることのように見えますが、本当にそうでしょうか。**「自然に触れて感動する体験を通して、（略）自然への愛情や畏敬の念をもつようになる」**とありますが、単に自然に触れて感動するだけで、自然への愛情や畏敬の念をもつようになるとは、経験的にも思えません。また、**「身近な動植物に心を動かされる中で、（略）大切にする気持ちをもって関わるようになる」**とあるのも、命とのかかわりをあまりにも単純化しているように思えます。本園のカリキュラムでは、諸感覚を通して自然とかかわることの大切さは述べていますが、愛情や畏敬の念、命の大切さの育ちにはあえて言及していません。なぜなら、体験すればそのようなものが育つというような単純な自然観は間違っていると考えるからです。幼児期の自然観に最も影響を与えるのは、身近な大人の自然観でしょう。身近な大人が自然を、子どもに何かの能力を育てるために利用するものと捉えるのであれば、子どもたちも自然は人間が利用するものという自然観をもつでしょう。利用する価値観では、畏敬の念や命の尊さは育まれないと考えます。

この項目は身近な大人である保育者が自然に対してどう感じているのか、どのように接しているのかが問われる厳しい内容ではないかと思います。

⑧数量や図形、標識や文字などへの関心・感覚

遊びや生活の中で、数量や図形、標識や文字などに親しむ体験を重ねたり、標識や文字の役割に気付いたりし、自らの必要感に基づきこれらを活用し、興味や関心、感覚をもつようになる。

これも領域「環境」の中に述べられている内容です。今回の改訂にあたり、小学校以降の学びとの連続性を強調するために、10の姿の1つになった面があるかもしれませんが、これらの内容は従来から幼児期の保育の中で行われてきたものであり、小学校での学びの基盤となっていたものでしょう。

幼児期の遊びや生活を行っていると、例えば採ってきたクリを均等に分けたり、レストランのメニューを書いたり、探険の地図を作ったりと、数量や図形、文字を使う機会は必ずあります。そして、まさに生活を通してそれらのものの便利さや必要性を感じていきます。一つの焼きいもを数人で分け合うことは、そのおいしさや、分ける時のやり方なども含めて子どもたちの心に残っていきます。その実体験が、小学校以降の学びを実感を伴ったものとして支えていくのでしょう。

先述したように、保育者が与える形で「身につけさせる」のか、子どもたちが遊びや生活の中で必要性を感じながら自ら「身につけていく」のかは大きな違いです。**「自らの必要感に基づき」**とあるように、必要感のある中でそれらを身につけていくことができるよう、本園では考えています。

⑨言葉による伝え合い

先生や友達と心を通わせる中で、絵本や物語などに親しみながら、豊かな言葉や表現を身に付け、経験したことや考えたことなどを言葉で伝えたり、相手の話を注意して聞いたりし、言葉による伝え合いを楽しむようになる。

ここで述べられているのは、領域「言葉」の内容をまとめたものになっています。言葉を身に付けて、それを伝えたり聞いたりすることができる姿が示されています。これは5歳児Ⅰ期「一緒に遊んだり活動したりする中で、友達と思いを伝え合おうとする」にも示されています。話し合ったり伝え合ったりするためには、それまでに、ノンバーバルも含め素直な自分の思いを出し、受け止められる経験が大事になります。また、話を聞くのは楽しい、役に立つという経験も必要です。そのように自分の思いを表出することができ、友達の話を聞こうとする態度が育っていることが、言葉による伝え合いを支えます。また、年長組になってくると、園生活でおこることを、自分のこととして考え話し合う必要性も生まれてきます。その生活を自分たちが主体者として話し合って作っていく経験が、今後様々なことに対して自分の意見を述べたり、他者の意見を聞いたりして、伝え合っていく態度につながっていくのではないでしょうか。

⑩豊かな感性と表現

心を動かす出来事などに触れ感性を働かせる中で、様々な素材の特徴や表現の仕方などに気付き、感じたことや考えたことを自分で表現したり、友達同士で表現する過程を楽しんだりし、表現する喜びを味わい、意欲をもつようになる。

ここで述べられているのは、領域「表現」の内容をまとめたものになっています。ここで大事なのは、**「心を動かす出来事などに触れ感性を働かせる」**体験を重ねることでしょう。本園の教育課程４歳児Ⅰ期「**身近なものに諸感覚を通してかかわりながら興味をもつ**」などに示されているように、身近な環境、特に自然物や自然事象と、諸感覚を通してかかわる原体験を保障することを大切にしたいと考えています。レイチェル・カーソンが子どもたちには「センス・オブ・ワンダー（神秘さや不思議さに目を見はる感性）」が備わっていると述べているように、子どもたちは自然と触れる中で、美しさや不思議さなどを存分に感じていきます。そして心の中にたまった感動が、表現として表れます。表現はさせるものでなく、感じたものがあふれ出した結果です。幼児の表現は、相手に伝えることをもともと意図していないものですから、素朴で分かりにくいこともあるでしょう。それを受け止めることができるのが保育者です。受け止められることで、次第に表現する意欲が育ち、相手にわかるように伝えたいという思いも強くなっていきます。

表現が苦手な子どもは、心は動かされていないのに「表現させられている」ことがほとんどでしょう。しかも、保育者が示した型どおりのことをしないといけないと感じ、それができないと苦しんでいるのです。その点、森の中での自然物を用いた表現は、そもそも自然物は同じものがないですし、型にはめた表現をしようとすることがほぼありません。ですから、子どもの数だけ多様な表現が生まれますし、保育者もそれぞれの表現を受け止めやすいように思います。**「表現する喜びを味わい、意欲をもつようになる」**ためにはうってつけの保育環境だと思います。

このように見てくると、本園の「森の幼稚園カリキュラム」は、決して自然体験の保障のみを行っているのではなく、「幼児期の終わりまでに育ってほしい姿」で示されている方向性を踏まえていることが見えてきます。10の姿は幼児期に育てたい姿の全体を網羅しながらバランスよく示したものであり、どのような環境にある園においても考慮すべきものだと思います。ここに示された姿を強制的に身につけさせるものではなく、子どもたちが遊びや生活を充実させることで自ずと身についていくものという読み方ができれば、幼児期ならではの遊びや生活を最大限に大事にすることにつながっていくのではないでしょうか。それぞれの園の教育方針や置かれている環境によって、10の姿の取り扱いの軽重は出てきて当然だと思いますが、「幼児期の終わりまでに育ってほしい姿」と自園のカリキュラムを照らし合わせることで、自園の保育を顧みて見直す契機にしてみてはいかがでしょうか。

コラム3

自然の中での保育をどう進めていくか

自然の中での保育を始めたいけど、どこから手をつけたらよいのか分からない、という話はよく聞きます。そこで、保育室を中心として保育を行っていた本園が、どのようにして“森の幼稚園”になっていったかを紹介することで、何らかの参考にしていただければと思います。

1. モデルの園を見る

自然の中で保育を行うといっても、はじめはそのイメージがつかめませんでした。本などの紹介はあっても、実際にどのようなことをしているのかが分からないのです。そこで、実際にどんなことをしているのか、実践している園を見に行く機会をもちました。このときのポイントは、本当に園全体で今後取り組みたいのであれば、できるだけ全員で見に行くことでしょう。同時に見に行くことが難しい場合は、時期を分けて見に行ってもかまわないと思います。職員が共通に話し合えるモデルがあると、その後の話が具体的になります。

2. 自らの環境を知る

保育を行うためには、自らの園庭や園外など保育を行う環境を、保育者自身が知ることも大事です。第4章②「「森の達人」の活用」(093 頁)で紹介しているように、自然に詳しいインタープリターを招いて、戸外環境の研修を行うのもよいでしょう。その際、保育者自身がどんどん質問してください。子どもと同じで、好奇心をもって自然に近づいていくと、そのことが自分の生きた知識となっていきます。そして、これも4章に紹介しているように、戸外環境のハザードについても確認し、職員間で共通認識をもつことも大切です。

3. 保育観・自然観の共有

自園でどのような保育を大事にしていきたいか、また自然とどのように向き合うのかを話し合い、考える機会をもちました。それが行っていく保育のベースとなります。

4. 実際にやってみる

そして、まずは実際に自然の中で保育をしてみることです。すると、子どもから新たな自然物の存在を知らされたり、想定外の遊びが生まれたりします。その時間は、保育者が思い描いた時間ではないので、初めのうちは戸惑うかもしれませんが、そのうち、そのような時間の方が楽しく充実していると感じるようになるのではないでしょうか。実際に見られた子どもの姿や興味・関心から、必要な環境を考えたり、新たな知識を身につけたりしていくことで、保育を形作っていくことができるでしょう。

5. 基盤整備・環境整備

遊びをすすめるうちに、拠点となる小屋がほしいと感じたり、間伐して空間を確保したいと感じたり、ロープを使った活動をしたいと考えたりするようになるでしょう。環境の基盤整備が必要になってきます。大がかりなものを作るのは、保育者だけでは難しいですから、本園では「おやじの会」の力を借りて、基盤整備を行っています。

また、道具や図鑑などの環境整備も必要に応じて行っていきましょう。

6. カリキュラム・データベースの作成

実践を積み重ねていき、子どもの姿や保育者の援助が見えてくることでカリキュラムができあがっていきます。また、環境を知ることにより、この時期にどのような植物があり、遊びができるかというようなデータベースもできました。このようにして、自然の中での保育を作っていきました。

第4章

自然を用いた保育の実践方法

自然の中で保育を行う際の具体的な方法や、体験内容を見てみましょう。

1

自然の中で過ごす第一歩

自然の中で保育をしてみようと言われても、どうしたらよいのか分からないと戸惑う方はたくさんおられるでしょう。自然の中で遊ぶことが得意でなかったり、自然に対する知識をもっていなかったり…。でもそんな心配は、実際にはほとんどいりません。自然の中での保育、その第一歩を踏み出してみましょう。

「自分の居場所」をつくる

「自然の中での保育ってどうすればいいんだろう？」多くの方が不安に思うと思います。まず不安なのは、あっちこっちに散らばってしまいそうで、居場所が定まらないからではないでしょうか。保育室を中心とした保育では、自分の保育室があり、そこに自分のロッカーや座る場所がありますから、保育室が安心の拠点になります。戸外でも、そのような自分が安心して戻ってくることのできる場所があると、子どもたちは安心してそこから遊びに出ていくことができます。

本園では、地面の上に自分のシートを敷き、クラスの仲間で丸くなることで、そこが拠点となるようにしています。自分の荷物はシートに置いて、ここから好きな場所へ遊びに出かけ、皆で集まる時間になると、このシートの場所に戻ってくるのです。そこは自分のシートがあり、仲間の存在も感じられるのです。また、ゴザなど座ったり寝っ転がったりすることができるものを用意することで、子どもたちは自然の中の好きな場所を家やお店などに見立てて遊び始めることができます。このような、ちょっとした自分の場所があることで、子どもたちは安心して自然の中で遊びはじめることができるでしょう。

保育者の基本姿勢

次に心配になるのは、どんな遊びを提供したらいいか分からないということかもしれません。「自然の中で遊んだ経験ほとんどないしな」「虫とか植物とか詳しくないんよね」という保育者の方も多いように思います。でも、実はその点は全く心配ありません。なぜなら、遊びにいざなうのは自然そのものだからです。そして、保育者より子どもたちの方が自然に心を開くことができ、遊びを見つけていく力をもっています。保育者の基本姿勢は、今までにも述べたように「時間と空間を保障」し、「邪魔をしない」で、「子どもが感じたことを受け止める」ことです。そのことで、はじめは戸惑う子どももいるでしょうが、どんどんと遊びを発見していきますよ。子どもたちは楽しいことや不思議なことを見つける天才だと思います。

自分のシートが、“私だけの安心できる居場所”になります。

ゴザや柵も自分たちの居場所を作るのに有効です。

保育者にとって自然の中で保育をする第一歩は、まずは保育者が「何かをさせなければ」という殻を脱ぐことではないでしょうか。そのためにも、保育者自身が自然を感じる時間をもってみてはいかがでしょう。何もせずにぼーっとしてみるのもよいでしょうし、足元の草花をじっと見るのもよいでしょう。子どもがやっていることをただ同じように真似してみるのもよいと思います。そのようにしているうちに、何か楽しい、落ち着く、不思議だな、などという感覚を味わえるのではないでしょうか。次第に自分自身がありのままでいられるようになっていくと思います。

自然の中で過ごす第一歩は、ともかく自然の中に出てみること、そして、自然に対して心を開いてみることです。全てはここから始まります。

「押したら煙が出てくる!」子どもたちは、面白いこと、不思議なことを見つける天才。

保育者自身も、自然の中でゆったりと過ごす時間をもってみてはいかがでしょう。

様々な自然物が遊びにいざないます。

ポ・イ・ン・ト!

- ➡まずは、自然の中でゆっくりと過ごしてみよう。それが第一歩です。
- ➡子どもたちが安心して過ごすことができるベースとなる場所を用意しよう。

②「森の達人」（インタープリター）の活用

まず第一歩は構えずに自然の中に出てみることだと述べました。しかし、保育を行う上で、不安や知っておきたいこともありますよね。そんな私たちに力を貸してくれているのが「森の達人」と私たちが呼んでいるインタープリターの存在です。その存在のおかげで、私たちも安心して自然の中での保育を行うことができています。

自然と人との仲介者

私たちの園が、いわゆる「森のようちえん」として自然の中での保育を行うことが可能になった要因の一つとして、「森の達人」と呼んでいるインタープリターの存在があります。インタープリターとはあまり聞き慣れない言葉かもしれませんが、自然と人（子ども）との「仲介」となって自然と人とを結びつける人物のことをいいます。インタープリターは、「解説者」とも訳されます。もちろん自然に対する知識や造詣が深い方にお願いしているので、子どもに解説して知識を伝えることは可能です。小学校以降の授業のように、知識中心に伝えるインタープリターの方もいらっしゃるようですが、そのような方は幼児期にはそぐわないかもしれません。私たちの園に来てくれている「森の達人」は、子どもの興味や関心に合わせて必要なことだけを伝えてくださいます。「知る」ことは「感じる」ことの半分も重要ではない（レイチェル・カーソン、1996）」ということを身をもって実践してくださっているのです。

森の達人は、子どもたちにそっと寄り添い、自然との窓を開く存在。

変わるのはむしろ保育者

「森の達人」に影響を受けて変わっていくのは、子どもよりもむしろ保育者かもしれません。自然の中で保育をするといっても、自然に対する知識が少ない保育者は多いでしょう。私たちもそうでした。「森の達人」は、身の回りにある自然物の特性を知らせ、自然に対する目を開かせてくれたのです。具体的には、身近な食べられるもの・色水など遊びに使えるもの・危険なものと危険でないもの（ケムシ、キノコ、かぶれの木など）・薪や焚き付け用の葉っぱなど生活に使えるものなどを伝えてくれました。そのことにより、保育者は、先人が遊びや生活に使ってきた自然の歴史を学ぶことができ、身に付けることができていったのです。

「森の達人」による保育者の変化は、

①今まで見えなかった身の回りの自然が、見えてきて、感じられるようになった

⬇保育者自身が自然の中にいることが

保育者も自然を楽しんでいることが大事。

子どもより保育者自身が驚き、気づき、学ぶ機会を与えられることが多い。

楽しくなった

②周りの自然に対する知識が増えてくる

➡危険かどうかを知ることで、保育者がむやみに子どもに禁止することがなくなった

ということがあげられるでしょう。

「森の達人」の存在のおかげで、自然の中での保育を余裕をもって楽しく行うことができるようになったのです。皆さんの園の身近なところにも、インタープリターになってくださる方がいると思います。そのような方をうまく活用することも、自然の中での保育を行う上でとても有効だと思います。そのような方に出会うためには、保育者が地域で行われている自然観察会のようなものに出かけてみるのも、人的ネットワークを築くことになり有効でしょう。また、自治体によってはインタープリターを派遣してくれたり、紹介してくれたりするところもあるようですよ。

ナズナの音遊び。自然の特性を知ることで、子どもたちの活動が広がります。

ポ・イ・ン・ト！

➡保育者が自信をもって楽しく保育を行う上でインタープリターの存在は重要。

➡子どもや保育者も自然への眼を見開かされる、そんな存在に出会えるといいですね。

③

自然の中でのリスク管理 ―リスクとハザード

自然の中での保育は、安全面が心配という声もよく聞かれます。確かに自然は人工物のように人間の都合に合わせて作られてはいません。危険なことや不都合なことも多く含まれています。ここでは自然で遊ぶ際のリスク管理について考えてみましょう。

リスクを見守り ハザードを取り除く

本園の子どもたちは、木登りやターザンブランコなど、危険と思われる遊びをよく行っています。見学に来られた方がひやひやして声や手を出してしまうこともよくあります。自然の中で保育をしたいとは思うけど、どこまでやらせることができるのかの線引きが難しいと感じている方もいらっしゃるでしょう。

リスクとハザードという言葉をお聞きになったことがあるでしょうか。国土交通省が出している『都市公園における遊具の安全確保に関する指針（改訂第2版）』（2014）には以下の説明があります。

リスクとハザードの意味

①リスクは、遊びの楽しみの要素で冒険や挑戦の対象となり、子どもの発達にとって必要な危険性は遊びの価値のひとつである。子どもは小さなリスクへの対応を学ぶことで経験的に危険を予測し、事故を回避できるようになる。また、子どもが危険を予測し、どのように対処すれば良いか判断可能な危険性もリスクであり、子どもが危険を分かっていて行うことは、リスクへの挑戦である。

②ハザードは、遊びが持っている冒険や挑戦といった遊びの価値とは関係のないところで事故を発生させるおそれのある危険性である。また、子どもが予測できず、どのように対処すれば良いか判断不可能な危険性もハザードであり、子どもが危険を分からずに行

危険を伝える。
「マムシの模様はこんなのだよ」

リスクを取り除いたら遊びにならない。

うことは、リスクへの挑戦とはならない。

つまり端的に言うと、遊びに必要な危険を「リスク」、遊びに不必要な危険を「ハザード」と考えればよいでしょう。リスクは適切に見守りつつ遊べるようにし、しかしハザードは取り除く必要があります。例えば木登りやターザンブランコを子どもが楽しむのはリスクを楽しむ面があります。それを禁止してしまっては、子どもたちは挑戦的な遊びができなくなってしまいます。ですから私たちは子どもの挑戦を見守ることを大事にしています。一方、例えば枯れかけた木や切れかけたロープは、子どもにとってハザードです。子ども自身でコントロールして防ぐことはできません。遊び場を提供している大人が、適切な安全管理を行う必要があります。このようなハザードを取り除くために、本園では、月に1回、全職員で「安全点検」を行っています。人工的に設置したものの安全性

職員による安全点検。ハザードを取り除く。

を確かめると共に、危険な岩が露出していないか、木が朽ちていないか、かぶれの木が生えてきていないかなどを点検し、必要な処置を行っています。

危険生物との接し方

次に、危険生物との接し方です。自然の中には当然スズメバチやマムシもいます。そこで、年度当初に実物や写真を見せて、その模様の特徴や、そのようなものに出会ったら慌てずにそっとその場を離れて保育者に知らせることを伝えています。本園の子どもたちはケムシの虫捕りもよく行いますから、ケムシに関してもイラガやチャドクガなど有毒のケムシの模様や特徴を伝えています。大事なのは、危険生物をむやみに排除しようとするのではなく、お互いが生きていることを理解して棲み分けられるようにすることです。実際、ケムシでも有毒なものは限られていますから、それらのことを知っておくことで、子どもたちの活動の自由度が増します。これらについての知識をもっていない保育者も多いと思いますが、先ほど紹介したインタープリターのような方に一度来てもらってレクチャーを受けたり、ネットや図鑑を用いて調べたりしてみるのもよいでしょう。『イモムシハンドブック』のシリーズ（文一総合出版）は私も愛用しています。

ポ・イ・ン・ト！

➡リスクとハザードという眼で保育環境を点検してみよう。

➡自らのフィールドに関しての最低限の知識を手に入れよう。

４

自然の中での集い ―まとまった活動

自然の中だと、虫捕りや木登りはできるだろうけれど、保育室で行ってきたことはできないんじゃない？　そう思っている保育者の方も多いでしょう。しかし、戸外でも、ちょっとした工夫でたいがいのことはできてしまいますよ。

戸外でも工夫次第で様々な活動ができる

自然の中での保育は、ただ子どもがバラバラに遊んでいるだけではありません。先ほど紹介したように、シートを敷いて丸くなる場所が、戸外での保育室になります。このようにクラスの皆が集う場所を設けることで、普段から保育室で行っている様々な活動を行うことができます。

例えば、子どもたち同士の話し合いの時間は当然もてます。その中で、子どもたちの遊びや発見を共有することが多くあると思います。保育室の話し合いだと、子どもたちが話している遊びや発見の内容を想像することが難しいことがよくありますよね。集いを戸

森の雰囲気に浸りながら絵本の世界を感じることができます。

外で行うことで、その実物を皆で見に行ったり、皆で体を使って共通に体験したりしやすいのは、戸外で話し合いを行う大きなメリットだと感じています。

音楽はどうでしょう。自然の中には当然ピアノはありません。しかし、ギターや鍵盤ハーモニカなら、容易に持ち出すことができます。自然の中では小鳥のさえずりが聞こえたり、その時の天気によって違う雰囲気が感じられたりして、また違った雰囲気で歌うことができます。子どもたちが枝や竹をたたいて、合奏しながら歌うこともあります。

また、絵本を読むときは、もちろんそのままに円になって読むこともできますが、シートを持ってちょっと暗い森に入ると、あっという間に絵本の世界が出来上がります。様々な物語は森から生まれたと言われているように、森はファンタジーの世界を拡げてくれます。森の中で感じる絵本の世界は、人工的な環境で読むものとはまた違ったものになっているのではないでしょうか。

造形活動も様々に行えます。

森の中でも、音楽活動は様々に行うことができます。

絵を描いたりする造形活動は難しいと感じられるかもしれませんが、画板を持ち出すなど少し工夫すれば、だいたいのことはできます。自然物を探してきて造形活動を行うような際には、戸外でやった方がすぐに形にできますし、他のものを探しに行くこともできますから適しています。このように実際にやってみることでたいがいの活動は実践できることを実感できると思いますよ。

ポ・イ・ン・ト！

➡ちょっとした工夫で、たいがいのことは戸外でもできるよ。

➡戸外で集う心地よさ、自由感をぜひ味わってね。

5

動物体験 ―虫などの小動物とのかかわり

ここからは、具体的な遊びや活動をみていきましょう。自然の中での遊びや活動というと、虫捕りが真っ先に思い浮かぶ人もいるかもしれません。そのように虫や小動物との動物体験は、代表的な遊びのひとつです。ただし、保育者によっては虫が苦手だったり、命を扱うことの難しさを感じたりしている方もいるでしょう。

小動物とかかわるときの姿勢

保育者の中には、虫が苦手な方も多くいらっしゃるでしょう。一方、子どもたちはそんなことはお構いなしに、ダンゴムシやアリなどの身近にいる小動物に興味を示し、次第にカエルやバッタなどに興味を広げていく姿が見られます。そこには男女差はほとんどなく、女児も虫や生き物に素直に興味を示していきます。

私たちの園にも、虫が決して得意ではない保育者もいるのですが、彼女は自分は虫を触らなくても、子どもたちが捕まえたり触ったりしている姿を肯定的に受け止め、一緒に驚いたり喜んだりしています。自分は苦手だけど、

手にとまったハチをじっと見る子どもたち。「ハチさんも仲間だよ」

子どもたちの気持ちは伝わってくるので、それに共感することは保育者として嬉しいことだと言います。このように子どもたちの興味や関心を潰さないようにはしたいものですね。

　さて、動物体験をすすめる上で、必要な道具は何でしょうか。子どもたちが見つけてくる小動物は実に多彩で、道具がなくてもかかわれるものがほとんどです。写真にもあるように、子どもたちはびっくりするようなものを見つけて集めてきます。まずは子どもたちが見つけて来たものを一緒に楽しむとよいでしょうね。

　虫網や虫かごなどは、その園の状況や子どもたちの状況に応じて用意すればよいと思います。道具を出し過ぎても、道具に頼って子どもたちが直接生き物とかかわることが阻害されることがあるからです。また図鑑なども、名前や実態を知るために有効でもありますが、知識ばかりに関心が行きがちになる子どももいます。個人的には、その生き物の力強さや息吹を感じられることをまずは大切にしたいと考えています。そのため、皆がじっくりと見ることのできる観察ケースは重宝します。

人と生き物との関係について

　素直に小動物に心を開く子がいる一方で、虫に対して過度に怖がったり拒否したりしようとする子どももいます。未知なるものを怖がることは自然で当然だと思うのですが、アリやハチを見ると全て殺さなければならないと思って

子どもたちは様々な生き物を集めます。ミミズ（左）、ザトウムシ（右上）、セミの抜け殻（右下）。

いる子どももいるのです。これは、家庭での育てられ方やメディアの影響でしょう。虫は気持ち悪いもの、排除すべきもの、ということがすり込まれているように思うのです。このような考え方の原因は大きく2つあるように思います。1つめは、「生物多様性」に関する理解が大人にあまりにもなく、人間中心になりすぎていること、2つめは自然物に対する知識が乏しいために、何でも排除や制止をしようとしてしまうことです。

幼児期は、様々な生き物が身近にいることを当たり前に感じながら、各々がそれぞれに生きていることを実際の生き物を通して感じることができる時期です。自分が捕まえたバッタが力強く跳ぼうとしている姿、アリがまだ生きている虫を一生懸命運んでいる姿などを直接体験できることを保障したいものです。そのような「生きている」姿は、子どもたちを惹きつけ、命が響き合う経験を生みます。

また、子どもたちは「センス・オブ・ワンダー」を働かせて様々なものに関心を示しますから、なるべく制止をせずにかかわらせてあげたいものです。そのためには、保育者が必要な知識を持っている必要があります。例えばクマバチはとてもおとなしく、オスは決して刺さないこと（全てのオスのハチは刺しませんが）。ケムシのうち、触って害があるものはほんの一部（2％程度と言われています）だということ。その一部を過度に恐れてすぐに殺虫剤をまこうとするより、そのケムシは本当に害があるのかどうかを調べた方が、虫にとっても子どもたちにとってもお互いによい関係が築けます。

身近な生き物とのかかわり方のモデルを保育者が示しつつ、子どもたちが生き物と直接体験できる場を保障していきたいですね。

水場があることで生き物の多様性がぐんと増します。

ポ・イ・ン・ト！

➡まずは、保育者自身の生き物に対する態度について問い直してみよう。苦手でも受け入れることはできる。

➡子どもたちが「センス・オブ・ワンダー」を最大限に働かせることのできる環境を（制止・禁止はなるべく少なく）。

6

草体験　―花や草などの植物を使った遊び

自然の中の遊びというと、虫捕りや木登りなどの動的な遊びをイメージしやすいですが、実際は花などの植物を使った色水作りや料理作りの方が多いように思います。植物は動きませんから、子どもたちが容易にかかわりやすく、じっくりと遊ぶことができます。

植物とのかかわり方

虫などの生き物と違い、植物は動かずにいつでも子どもたちの周りにあります。ですから子どもたちは、いつでも花や草とかかわって遊ぶことができます。その遊びをいくつか挙げてみましょう。

①集める

花や葉っぱは集めるだけでも楽しいものです。綺麗な色や面白い形にいざなわれて、子どもたちは集めることを楽しみます。袋があると、子どもたちも集めやすいですね。

②見立てる・飾り付ける

見立てる遊びもよく行われます。自然物には子どもたちを惹きつけいざなう力がありますので、子どもたちは様々に見立てて遊びます。見立てることそのものが遊びになっていることも多いです。

また、花や葉っぱを料理に飾り付ける遊びもよく行われます。松葉をラーメンに見立てたり、花びらを料理のアクセントとして使ったりなどです。料理作りを楽しむためには、ある程度のお皿などの容器はあった方がよいかもしれませんね。

③すり潰す（色水作り）

色水作りは、子どもたちの大好きな遊びです。花の美しさを自らの手を加えて形にする楽しさ、また実をすり潰したときに出て来る美しい色の驚きなどがそこにはあるのでしょう。すり潰す方法は、手でもよいですし、石を使ってもよいです。もちろん、すり鉢とす

コブシの実をすり潰す。花びらや木の実をすることでこんなにきれいな色が出ます。

りこぎもよいですね。これらの道具は3歳児でも十分に使いこなせます。また、色水の美しさを味わうためには、透明の入れ物があるとよいですね。

④すりおろす

自然物、特に木の実などへのかかわりを広げる手段として、おろし金も有用です。削ることで、ねばねばしたり、色が変わったりという変化が起きます。子どもたちは自分の力でものを変化させるのが大好きですから、この遊びも夢中になっていきます。

⑤ちぎる・切る

植物を手でちぎったり、ままごと用の包丁などを使って切る遊びもよく行われます。大きな葉っぱは目のところをくりぬくだけでお面になります。包丁で調理のように切るのも楽しい遊びです。

⑥混ぜ合わせる

切った植物や木の実をボウルに入れ泡立て器で混ぜ合わせる遊びもよく行われます。混ぜることで色が出たり、泡が出たりします。ムクロジやエゴノ

それぞれの素材から異なるきれいな色が出ます。（右から、セイタカアワダチソウ、クサギ、ヨウシュヤマゴボウ）

おろし金も、自然物を変化させるために使いやすい道具です。

泡が出るなど、植物の特性を使った料理作りもできます。

キ、ヨウシュヤマゴボウ、ソヨゴなど泡が出る植物は実はたくさんあり、石けんを使わなくても泡遊びができます。これらのものが泡立つことは、子どもが発見したものも多いです。

⑦植物の特性を生かした遊び（オオバコの相撲、ナズナ、ヤハズソウなど）

シロツメグサの冠やオオバコの相撲、カラスノエンドウの笛など、植物の特性を生かした遊びも楽しいです。これらの遊びは文化として伝わってきているものであり、子どもたち自身がやり始めることは難しいですから、保育者などの大人が伝えることで遊びが始まります。植物の特性を生かした遊びを紹介している本もたくさんありますので、参考にされたらよいと思いますが、まずは保育者自身が楽しむ経験をしないと子どもたちには伝わりません。インタープリターに紹介してもらったり、本の内容をまずは自分でやってみるなどして、実際に自分が楽しんでみると、その面白さをより子どもたちに伝えることができると思いますよ。

植物遊びの知識がないために自然の中での遊びに自信のない保育者もいるでしょう。もちろん、知っていることに越したことはありませんが、子どもたちが楽しむ遊びは、決してこのような遊びばかりではありません。まずは素朴に子どもたちが楽しんでいることに心を寄せ、自分も一緒に楽しんでみてはいかがでしょうか。

ヤハズソウのあそび
①はっぱをちぎる
②両側から引っ張る
プチッ
矢の形になるよ！

カラスノエンドウの笛
①上のほうをちぎってスジも一緒にとる
②片方開いて豆をとり出す
③深めにくわえて吹く
切り口
♪くわえる場所をずらすことによって音階を奏でることもできるよ！

ポ・イ・ン・ト！

➡植物の美しさや楽しさを、まずは保育者自身が味わおう。

➡かかわりが広がり深まるための道具を用意してみよう。

7

木体験 ―木や枝を使った遊び

木登りやターザンブランコなど、木を使った遊びはダイナミックなものが多いですが、実際は素朴な遊びも多く行われます。また、木は道具を使って加工しやすいものでもあります。

見立てて遊ぶ

木体験というと、木登りなどのダイナミックな遊びを想像すると思いますが、実際に子どもたちの木を使った遊びは、枝を拾ってきて料理の材料にしたり、そのものを武器に見立てたりするなどの素朴なものが多いです。木の枝は様々な形状をしていますから、集めるだけでも楽しいものです。子どもたちは、木の枝で穴を掘ったり、枝の先で絵を描いたりするなど、道具としても木をよく使います。先日はネイル屋さんをしている子どもたちが木の皮をとってきて爪に貼り付けていました。子どもたちの自由な発想には、いつもこちらが驚かされます。

木で作った楽器の演奏会。

木は持つだけでも世界が広がります。

生活の中の木

また、木はもともと暮らしの中で必要なものでした。本園では、冬は頻繁に焚き火を行っていますが、そのために子どもたちは森から薪を拾ったり、「ファイヤーの木」と呼ばれる焚き付け用のスギの小枝を拾ってきたりします（後述の117頁参照）。木を使うことは、遊びだけでなく、生活とも密着するものです。このような活動ができる園は限られていると思いますが、何らかの形で、幼児期に身近な環境によって暮らしが支え

空間を有効に使い、回遊式に出入りできるようにすることで、遊びの空間がぐんと広がります。

られていることを経験できるといいですね。

木を使って回遊式に

さて、木体験の代表は木登りでしょう。特に斜めになった木は魅力的で、登りやすくその上に留まることも容易なため、そこを基地や家として遊ぶ子どもがたくさんいます。木登りをしたいのであれば一つ注意しておいた方がよいことがあります。それは、木登りは往々にして登る子どもと降りてくる子どもが重なりやすく、入れ替わりも難しいために、待ち時間ばかりできて活動的な遊びになりにくいことです。そこで私たちは、登った所から降りることのできる板やロープをつけるなどして、回遊式に出入りができるようにする工夫をしています。また、ツリーハウスなどの遊び場には、入口と出口だけでなく、それ以外からもアクセスできるいわゆる勝手口を設けることも多いです。そのことで、子どもたちの動きに多様性が生まれ、子どもたち同士のやりとりが生まれやすくなります。

道具を使って遊ぶ

木体験と言えば本園では、のこぎりや金づちを使った木工もよく行います。特に年長児になると、看板や簡単な机など、自分たちの遊びに必要なものを自分たちで作るようになります。

釘打ちも、始めにやり方を伝えると、自分たちでできるようになります。

そのために、適当な木ぎれを用意し、木工用具を使える環境を用意しています。危ないと考える方もいらっしゃるかもしれませんが、はじめに保育者が使い方をきちんと伝え、しばらくは見守りながら実際に使っているときに適宜こつや危ない面があればそれを伝えることで、子どもたちは使いこなすようになります。そして、そのうちに子どもたち同士で教え合いながら、協力してもの作りを行うようになります。

こちらはのこぎり。友達との協力が生まれる場面でもあります。

ポ・イ・ン・ト！

➡自由に使える枝などが多く落ちている場所に行くと、子どもたちは木を使って遊びはじめるよ。

➡状況が許せば、金づち、のこぎりなどかかわりが広がり深まるための道具を用意してみよう。

8

土体験・石体験

―土や砂、石を使った遊び

木を使った遊びは園によっては難しいと思いますが、ほとんどの園に土や石はあると思いますので、土や石を使った遊びは、どの園でも取り組みやすいと思います。土に触れることで、子どもたちは自分たちを支えている地球（大地）の存在を感じるのかもしれません。

山際での料理作りに山の土は欠かせません。

大地に触れ かかわりながら遊ぶ

自然の中での遊びを想像したとき、虫を捕まえたり、木登りに挑戦したりなどの活動的な遊びが想像されやすいのではないでしょうか。もちろん、そのような遊びも行うのですが、次第に子どもたちは料理作りなどの落ち着いた遊びを繰り返し行う傾向が強いです。その料理作りにもっとも使われるのが、土や砂です。土や砂は身近に、そして豊富に子どもたちの周りに存在しているため、いつでもそれらを使うことができます。

土や砂を使った遊びの特徴は、第1章でも紹介したように、豊かな感触を伴うことです。水の混ぜ具合によって、土は「さらさら」から、「たぷたぷ」「ぷにょぷにょ」「どろどろ」に変化していきます。その変化の度合いも楽しみながら、子どもたちは遊んでいます。じっくりとかかわることができますので、子どもたちは繰り返しながら遊び込んでいきやすくなります。

穴掘りも子どもたちの大好きな遊びです。お風呂にしようとしたり、落とし穴を作ったりという目的をもって穴を掘ることもありますが、子どもたちを見ていると、穴を掘ることそのものが楽しい様子で、果敢に掘り続けることがよくあります。まるで大地と対話をしているようです。年長になると「地球の裏側まで掘ろうで～」などの会話がよく聞かれます。

石を使った遊びも素朴なものが多いです。石を積み重ねてみたり、石で敷居を作ったりなどして、子どもたちは遊びます。また、大きな石が見つかるところでは、それを掘ったり運んだりすること自体が遊びになりますし、それらを化石に見立てて遊ぶこともよくあります。土を掘ることと、石を見つけることが同じ遊びでつながります。

穴を掘ることは、本能的に楽しい遊びのようです。

環境構成のポイント

これらの遊びを支えるために、私たちは土を掘ったり集めたりするためのスコップを大小用意しています。また、水場を用意したり、ままごとに使える道具を用意しています。全ての遊びについて言えることですが、道具などの環境の用意は子どもたちが対象としっかりかかわり、遊び込むことができるように、という思いで行っています。子どもたちの様子から、例えば透明な容器があったらいいかな、石を並べるための空間があったらいいかな、などと考えて環境を作っているのです。どのような環境で保育を行っても、環境を構成する原点は子ども理解にあるのだと思います。

大物の石。それを運ぶこと自体も遊びになります。

ポ・イ・ン・ト！

➡子どもたちが自然物とのかかわりを広げたり深めたりすることができる道具を用意しよう。

➡道具を用意するスタートは、子ども理解です。

9

水体験 ―水、雪、氷などを使った遊び

水や雪、氷の遊びは、子どもたちが大好きな遊びの一つですね。しかし、その内容は、おかれている地域や立地条件によって、ずいぶんと様子が異なるものかもしれません。ここでは、本園で行っている遊びを紹介します。

緊張している子どもも、水にはすんなりとかかわっていけます。

水との距離を縮めよう

水は子どもたちの遊びになくてはならない存在です。砂や土で遊ぶ際には水がないと遊びが発展しにくいですし、砂や土に触れることに抵抗がある子どもでも、水にはすんなりと触れることができることがよくあります。そこで本園では、3歳児の入園当初から、大きめのタブに水をためて、いつでも汲んだり流したりできるようにしています。

水は流れたり水しぶきを上げたりなど、エネルギーをもっているので、子どもたちも遊びに引き込まれやすいのでしょう。水を汲んだり流したりすることのできる道具を用意するだけで、

子どもたちは遊び込んでいきます。保育者や保護者の中には、子どもの服が濡れたり汚れたりすることへの抵抗がある方もいますが、水に触れるのが、プールなどの特別なことでなく、日常的なものになってほしいというのが私たちの願いです。どのようにしたら、子どもたちが水や泥に普段から触れることができるか、そのためにどんな格好で、どのように着替えができる体制を整えるか、などを園として話し合ってみてはいかがでしょうか。その上で、保護者にも、濡れたり汚れたりすることへの理解を得られるようにしながら、十分に水や土とかかわることのできる時間を保障していきたいですね。

非日常的な〝水〟の遊び

川で遊ぶ経験は、本園では日常ではない特別なことです。幸いにも近くに遊ぶことができる川がありますので、そこに出かけていって遊びます。プールと違って川には生き物がいますし、また流れがありますので、できる遊びも変わってきます。川に出かける際は、安全のために下見をしたり、職員の体

川での遊び。自然の川の冷たさ、流れの速さ、でこぼこの歩きにくさなどを感じています。

制を整えたりなどのことを行っています。

冬は雪や氷で遊びます。第1章でも紹介したように、本園の地域では、雪があまり降りませんが、氷はよくできるので、氷を作ることのできる容器を用意しています。卵パックにそれぞれ異なる自然物を入れて氷を作ると、きれいなキューブの氷がたくさんできますよ。また、エンゼルケーキ型に自然物を入れて凍らせると、氷のリースができます（第1章冬21頁参照）。食べ物を入れて作れば、本当に食べることもできますね。エンゼルケーキ型がなければ、ボウルの中にコップなどを入れて重しを入れておけば、同じようにリース状の氷ができあがります。

氷のいいところは、作る楽しさだけでなく、美しさも感じることができるところ、そして割ることができるところではないかと感じています。美しいものを破壊する楽しさ、それも遊びの醍醐味で、幼児期に経験してほしいことですね。

冬が寒い地域では、氷を使った遊びがやりやすいですね。

ポ・イ・ン・ト！

➡水と日常的にかかわることができる状況作りについて、園で考えてみよう。

➡自分の地域にあった、水や氷、雪とのかかわり方を考えてみよう。

火体験 ―火を使った遊び・活動

火を日常的に使うことは難しい園が多いでしょう。それでも、焼きいもなど、時には火を使うこともあるかと思います。ここでは、本園の火の使い方を紹介します。みなさんの園で取り組む際の参考にしてください。

火を身近な体験とする必要性

ヒトは火を使うことによって急速に進化したとも言われているように、ヒトにとって火は欠かせないものの一つでしょう。しかし現代社会では、身近に火を見る機会が減り、ガスコンロでしか見ることがない子どもも多くなっているのではないでしょうか。

自然の中での暮らしは、当然エアコンもガスコンロもない生活です。そのような中で、暖をとったり調理したりする際に、火はとても役立ちます。木体験のところでも紹介したように、森の資源を使って火をおこすことは、自分たちの手で暮らしを作っていくことにつながります。子どもたちは、自分の働きが暮らしに役立つことで、生きていることを実感すると共に、身の回りの環境によって暮らしが支えられていることを身体を通して感じることができるのではないでしょうか。

火をおこすことは、それなりの技術がいります。本園では子どもたちが興味があれば、火おこしを手伝えるようにしています。マッチも使えるようになっていきますし、ファイヤーの木（松や杉などの油を含んだ葉）からポッキー（小枝）、そしてだんだんと大きな薪に火をつけていくこと、赤ちゃんの火のうちは優しく扇ぎ、火が大きくなってきたらどんどんと扇いでもよいことなどを、体験を通して学んでいき

「ファイヤーの木」探し。
「こんなに見つかったよ!」

ます。火おこしができるのは、生きるすべの一つと言ってもよいでしょう。

焚き火をどのように行うか、どのようなことに気をつけたらよいかは、近隣の消防署とも連携をとり、届け出をしたり指導を仰ぐことも必要でしょう。安全かつ有効に火を保育に取り入れるための状況づくりは大人の仕事ですね。

「火遊び」を楽しむ

さて、子どもたちの火とのかかわりは、火をおこすだけでなく、いわゆる「火遊び」が中心となります。火遊びをどの程度許せるかは、園や保育者の考え方次第です。ただ、一つ言えることは、禁止ばかりしていては、使いこなせるようにならないということです。本園では、火を燃やす場所（ファイヤーサークル）の外に出さないというルールは徹底しながら、ある程度の火遊びもできるようにしています。具体的に子どもたちはどのようにして遊ぶかというと、基本は「燃やす」ことです。枝、葉っぱなど、様々なものを燃やして遊びます。燃やす楽しさは、炎があがって視覚に訴えるだけでなく、音も楽しんでいます。特に油分を多く含むヒノキの葉っぱなどは「ジュワー」と大きな音がしますし、ソヨゴの葉っぱは表面に気泡ができて破裂して「パチパチ」といい音がします。燃え上がる様子と合わせて、音や熱さも感じているのです。また、枝をもって先っぽを燃やす遊びもよく行います。火を自分の手に入れたいという思いなのではないかと感じています。

焚き火をすると、網の上でよく調理

様々な葉っぱを燃やして音を楽しむ遊び。葉っぱによって音が違います。

火があるおかげで、様々なものを食べることができます。

ドングリ焼き。自分なりに試しています。

をしていますから、子どもたちは様々なものをその上で「焼く」遊びも行います。ままごとの料理や作ったおだんごを焼く遊び、また雪や氷を火にかける遊びも行います。加熱することで、色や形状が変化するものも多いので、子どもたちは変化に驚きながら、次はどうなるかと様々に試します。科学する心の芽はこのような場面でも育っているのでしょう。

ポ・イ・ン・ト！

➡火についても、どのように園としてかかわっていく状況が作れるかを考えてみよう。

➡暮らしに基づいた火の体験をさせてあげたいですね。

火遊びの定番、マシュマロ焼き。

11

食体験 ―自然の中の食べられるもの

子どもたちは食べることが大好きです。自然の中で食べると、普段は好き嫌いが多い子もバクバクと食べる場面にもよく出会います。食べることは暮らしの基本ですし、何より楽しい時間です。

失っている体験をとりもどす

第1章でも述べたように、本園は身近なものを食べることを大事にしています。しかし、今の時代、園によっては食べることは面倒だと感じたり、様々な制約から行うことが難しいこともあるでしょう。ここでは、本園の例を紹介することで、「このようなことならできるかも」というものを見つけていただければと思います。

園庭に食べられるものを植えている園も多いでしょう。そのような樹木であれば、当然食べられるかどうか、そしていつ頃に実るか分かっていますよね。また、畑で栽培するものも、安心して食べることができます。今の子どもたちは、食べ物はお店で買うものだと思っているかもしれませんから、木から直接採取したり、畑のものを収穫したりして、それを食べる機会はとても貴重だと思います。

それに加え、可能であればやっていただきたいのが、自生している植物を食べる経験です。私たちの園は、森と隣接しているという、恵まれた環境です。しかし、もともとは私たちも自然のことは詳しくなく、目の前に美味しいものがあってもクリやカキ以外は気づいていないような状態でした。それを、インタープリターの方に聞いたり、次第に自分で調べられるようになったりして、身の回りにどのような食べられるものがあるかが分かってきました。植物はだいたい同じ時期に同じ場所で花を咲かせたり実をつけたりします。そこで、マップにしたり、食べられるもののカレンダーを作ったりしてきました。一度、おいしく食べる経験をすると、その場所が思い入れのある場所になり、記憶に残ります。また、一度その食べ物が目に入るようになると、別の場所にあるものにも目が行くようになります。このようにして、身近なフィールド理解の更新をどんどんと進めている感じです。

自然のものをもいで食べる嬉しさ。

分け合う経験を

子どもたちが自分で手に入れたものを食べる経験と同時に大切にしたいと考えているのが、食べ物を皆で分け合う経験です。例えば、たくさん採って

スイカズラの蜜を吸う。子どもたちのおやつタイムです。

きたクリを、園の皆が満足できるように他のクラスに分けてあげる経験をしています。また、焼きいもやアケビの実などは、数人に一つしかないこともよくあるので、自分たちで考えて分け合うようにしています。食べ物を採ることで環境とつながり、食べ物を分け合うことで友達とつながるのだと思っています。

環境が限られている場合

園の環境によっては、畑を作るような場所がなかったり、戸外に出る場所も公園ぐらいしかなく、勝手に採ったりできないということもあるでしょう。しかし、道ばたの食べられる草を見つけたり、ビルの中にある園でもプランターで食べ物を育てるなどの方法で、できることを見つけている方はたくさんいらっしゃいます。子どもにとって、食べることは大好きなことであり、自分を取り巻く環境とつながっていることを感じることのできるよい機会です。それぞれの園環境の中でできることを見つけていっていただければと思います。

ポ・イ・ン・ト！

➡身近な環境と「食べる」ことでつながる喜びを味わおう。

➡幼児期に「自然を喰らう」体験と「友達と分け合う」体験はぜひしてほしいですね。

あまりおいしくないものを食べることも楽しいものです。

ナツハゼ

ムカゴ

アケビ

ガマズミ

12

自然物を使った造形活動

最後に、本園が行っている、自然物を使った造形活動について紹介したいと思います。自然物を使った工作などは、様々な本などで紹介されていますから、ここでは、あまり紹介されていないであろうものを取り上げます。

他人と比べることのない美しさを味わう

まず、造形活動について少し述べたいのですが、私は子ども時代、絵を描いたり作品を作ったりすることが嫌いでした。それは人と比べてよいものが描けない、正しいものが作れないと思い込んでいたからだと思います。保育室で絵を描いたり工作をしたりすると、苦手意識をもってやりたがらない子どもがいたりしますよね。自分もそのような子どもでした。しかし、大人になってからですが、自然物を使った造形表現は心から楽しいと思うようになりました。それは、自然物自体に同じものがなく、絶対に人と同じものはできないからです。そして、自然物自体のもっている美しさが、そのまま表現されるからです。

左の写真は、水で薄めた木工用ボンドが入った箱に、集めてきた自然物の中から好きなものを浮かべるだけの作品です。それが乾くと、木工用ボンドは透明になりますので、下の写真のような作品ができあがります。選ぶ自然物によってその子どもの個性が出ますし、組み合わせによる美しさが味わえ

好きな自然物を箱の中に入れていきます。

こんなに素敵な作品ができます。

ます。

　左の写真は、集めてきた自然物を自分なりに並べ、ボンドでつけて表現しています。集めてくる自然物も、そこから引き出されるイメージもそれぞれ異なりますので、中段の写真のように、同じものを同じように作るというものとは全く違う表現になります。

　右下の写真は、グルーガンで自然物をくっつけようとしているところです。グルーガンも、いきなり与えるのは危険だとお思いかもしれません。始めに危ないことだけは伝える必要があります。使っていくことによって、子どもたちは自由に使いこなせるようになっていきます。自然物同士をくっつけるのは他のものでは難しいことが多いので、グルーガンは重宝しています。

自然物を集めてきてボンドでくっつけます。自然物の多様さは、表現の多様さを引き出してくれます。

グルーガンは自然物をくっつけるのにはとても便利です。

そして、下の写真のような作品ができあがります。
左の写真は、同じくグルーガンで自然物を組み合わせて作ったひな人形です。これだけ個性的な作品ができます。世界に一つしかないひな人形です。

自然物で作ったおひな様。

このように、自然物を使った造形活動は、子どもたちが無理なく、そしてそれぞれの多様な個性が活かされながら行うことができます。皆さんも取り入れてみてはいかがですか。

ポ・イ・ン・ト！

➡自然のもっている美しさや多様性を表現できたら楽しいですね。

➡子どもの「センス・オブ・ワンダー」を一緒に受け止める機会になりますよ。

自然物をグルーガンでくっつけた作品。

コラム4

自然環境が豊かでない場合どうするか

本園に見学に来られた方は、広大で豊かな環境をうらやましがられる方が多いです。そして、『うちにはこんな豊かな環境はないから同じような保育はできないわ』と内心思われている方も多いように思います。

本園のように日常的に森を、しかも自由に使える環境は大変恵まれていると思います。ですから、これと同じことはなかなかできないでしょう。しかし、それぞれの環境の中で、子どもたちが自然とかかわることができるように工夫されている方はたくさんおられます。

例えば、園庭のいわゆる雑草を抜かずに、なるべく多様な動植物が子どもたちの周りにあるようにしている園があります。全てを花壇にして、あとは全ての草を抜いてしまうと、そこには限られた動植物との出会いしか起こりえません。雑草を残すことで、名前も知らない草花の美しさや不思議さに出会うことがありますし、バッタや他の虫たちも棲みやすくなります。そんな一角を残すだけでも、自然とのかかわりが保障できます。

また、固定遊具と平面のグランドだった園庭を改造した園もあります。園庭によって、子どもの遊び、子どもの動きはずいぶんと変わります。固定遊具があることで、子どもたちがその遊びを惰性的に続けて、遊びが深まらないこともままあるように思います。そんな固定遊具を敢えて撤去し、運動会には便利だけど遊ぶのには適していないグランドに傾斜を取り入れ、遊びに使えたり虫がよってきたりする木や草を植え、水場や泥場も配置していきます。そのことで、子どもたちの遊びの質はぐんと変わります。大改造が難しければ、小山や泥場だけでも子どもたちの遊びの質はずいぶん変わると思います。

園庭は狭いので、なるべく戸外に出かけている園もあります。道すがらも自然と出会うチャンスだと考えて、道草をしながら草花や虫たちとかかわっています。そして、出かけていくことを日常化することで、自然豊かな戸外で継続的に遊ぶことを保障しようとしているのです。

そして今では園庭の全くない、ビル型の園もあります。それでも、プランターを窓際や屋上において、虫が来るように工夫していたり、河原の土を保育室に持ってきて、何が生えてくるのかを子どもたちと見守ったりしています。どんな環境にいる子どもたちにも自然は必要だと、ビルの保育室に自然を持ち込んでいるのです。それぞれの園での工夫には、本当に学ばされることばかりです。

実際私たちは、これほど豊かな環境にありながら、保育者の自然への意識が薄かったために、子どもたちにその豊かさを十分に与えられないまま保育を行ってきたのです。それが、インタープリターの方などに自然への心を開かされることで、少しずつ自分たちの環境を知り、自然の面白さや不思議さを感じていくことで、自然を活用した保育ができるようになっていきました。「一木一草に大自然を見る」という言葉もあります。自然が豊かであろうとなかろうと、まずは保育者自身が身近にある自然に開かれ、自然に驚きや不思議さ、面白さを感じることがスタートなのかもしれません。その心を動かされたことを子どもと共有しようとする気持ちが、様々な保育を生んでいくように思います。

第5章

環境や人とつながって育つ子どもたち

～エピソードから迫る子どもの姿とカリキュラム～

自然の中で育つ子どもの姿の具体をエピソードから読み解きます。

1

次第に安心し、泥に入り込んで遊ぶようになったヨシオ【3歳児Ⅰ期】

ここからは、子どもたちの具体的なエピソードを紹介します。まずはじめは、入園したばかりの3歳児ヨシオのエピソードです。緊張して動き出せなかった彼は、少しずつ身の回りの環境に心を開いていきます。

3歳児4～5月●ヨシオが泥に入り込むまでの物語

4月中旬▼にがにがジュースをどうぞ

入園以来ヨシオは登園時に泣くことはないものの表情には常に緊張感がただよっていた。また、遊びもミニカーをもって動かすだけで、それができなくなると困って立ち尽くすことがしばしばあった。戸外に出ても裸足になることはなく、服が濡れても着替えるのを嫌がっていた。

この日もヨシオはたいして楽しそうという様子でもなくミニカーで遊び、最後に外に出てきた。外ではすでに多くの子どもが砂場まわりで遊んでいた。戸外に出てきたヨシオは、砂場近くに来て足を止めたが、そこに突っ立ったままだった。そこには、自ら動き出そうとする意志が感じられなかったので、何か道具がないと遊び出せないだろうと感じた私は、ヨシオを誘い一緒にスコップとナベを取りに行った。そして、「こうやって入れたら、お料理ができるよ。食べさせてね」と言いながら、ナベに砂を入れてみせた。ヨシオはその通りにまねて砂を入れはじめたが、動きは緩慢なままだった。

そんな時に、他児が「料理できたよ」と私に持ってきた。私が受け取り、「おいしいねぇ」と食べていると、その子が「にがいよ!」と言ってきた。これは、今までに何回かしたやりとりだった。私は意を汲んで「うわぁ、にがい～、にがい～」とのたうち回るよ

「にがいよ!」

うにして応え、その様子を見て子どもたちは一斉に楽しそうに笑った。その様子をそばで見ていたのだろう、ヨシオも先ほどのナベに入れた砂の料理を差し出した。私が「わぁ、料理ができたんだ。おいしそう」と言って食べ始めると、ヨシオは『僕はこれが言いたかったんだよ』と言わんばかりに、すかさず「にがいよ」と言った。私はその言葉にちょっと嬉しくなり、少し大げさににがくて苦しい様を演じた。ヨシオは今までとは打って変わり、満面の笑顔になった。それから、ヨシオの動きは目に見えて活発になった。ヨシオは頻繁に料理を持ってきて、そのたびに私は苦しんだ。それを5回ほど繰り返した後、私は「苦しい、何か今度は飲み物を持ってきて」と伝えると、ヨシオはコップを見つけて、そこに泥水を汲んで持ってきた。そして、「にがにがジュースよ」と言ってまた私の反応を楽しんだ。

5月初旬▼ヤモリに強い興味を示す

　前回のエピソードの後、ヨシオは保育者に信頼を寄せ、頻繁にかかわることを求めるようになったが、保育者がいない中ではなかなか自分を発揮できずにいた。この前日、ヨシオははじめて登園時に泣いてきた。それまで緊張して泣くこともできなかったのが、はじめて不安を表現できたと私は感じていた。

　この日の朝も、ヨシオは泣いて登園してきた。泣き止むには泣き止んだが、しばらくは座り込んでいた。そんな折、私がヤモリを捕まえて、子どもたちが見ることができるように観察しやすいケースに入れた。そして、「ヤモリを捕まえたよ」と呼びかけた。するとヨシオは小走りで近づ

このエピソードに含まれている内容

- 保育者のそばや、好きな遊びができる場所などで安心して過ごす。**安心**
- 保育者に受け止められたり、一緒に遊んだりすることで、親しみの気持ちをもつ。**親しみ**
- 砂、水、泥、草花などの身近な素材と出会い、それらの感触を楽しんだりそれらを使って遊んだりする。**感性**

いてきて、ケースを奪うように手に取り、顔を近づけてじっと見始めた。他児も「貸して」と取ろうとするが、ヨシオはそれを振り払うようにして、じっとヤモリを見続けた。4月末に友達にブロックを奪われると無抵抗で立ち尽くしていたヨシオだったので、私はこの積極性に驚き、また嬉しくも感じた。私は他児が奪い取ろうとするのを「ちょっと待ってあげて」と制止して、すぐ隣で一緒にヤモリをのぞき込んだ。ヤモリが口を開けたとき、ヨシオと私は、ほぼ同時に「うわっ」と声を出した。そして二人で顔を見合わせて笑い合った。

このエピソードに含まれている内容

- 保育室内外の身近なものに、自分からかかわって遊ぶ。 主体性
- 身近にいる生き物や草花に興味をもち、見たり触ったり集めたりする。 興味

5月中旬▼はじめて裸足で泥に入る

前回のエピソード以降、ヨシオは登園時に泣くことはなくなり自分から動き出して遊ぶことが増えていた。とは言え、泥を触ることや裸足になることには抵抗を示していた。この前日、保育者と一緒に泥だんご作りをしたヨシオは、はじめ戸惑い、泥のついた手をしきりに気にしていた。保育者が、だんごができあがる楽しさに関心が向くように支えることで、泥を触ることには抵抗がなくなり、いくつも作って遊んだ。

この日、5、6人が裸足になりどろんこ池に足をつけて遊んでいた。ヨシオは靴を履いたまま砂を使って遊んでいたが、私は今日ならすんなりと泥に入っていけるのでは、という思いをもって、ヨシオに「裸足になってみようよ」と誘った。ヨシオはほとんど抵抗せず、すんなりと靴とズボンを脱いだ。そして一緒にどろんこ池に入っていった。ヨシオははじめ泥の感触を確かめるように、少しずつ足を動かしていたが、そのうちもっと感触を確かめるように、手を泥の

中に入れていった。そうして、片付けの時間になっても、ずっと泥の中に入っていた。同じように最後まで泥に入っていた女児に「気持ちいいねぇ」と話しかけていた。

このエピソードに含まれている内容

- 保育室内外の身近なものに、自分からかかわって遊ぶ。主体性
- 砂、水、泥、草花などの身近な素材と出会い、それらの感触を楽しんだりそれらを使って遊んだりする。感性 興味

解説

まずは保育者が安心の拠点

入園当初のこの時期、保育者は子どもたちが園の環境に慣れ、心を開いていけるように心を配ります。しかしそこは個人差が大きく、すんなりと周りの環境に心を開く子どももいれば、このヨシオのように、緊張してなかなか心を開きにくい子どももいます。その際、安心の拠点になるのは、まずは保育者でしょう。保育者が信頼できる人、一緒にいて楽しい人となれるよう、このエピソードでも保育者は心を砕いています。そうやってヨシオは保育者には信頼を寄せるようになったのですが、保育者とのかかわりばかりを求めようとするようになりました。周りの環境には、なかなか心を開いていきにくかったのです。

偶然の出会いを大切に

そのヨシオを変えたのは、一匹のヤモリの存在だったように思います。偶然に出てきたヤモリの動きの面白さや不思議さが、ヨシオの心を動かしました。保育者と一緒に、外の世界を共有できたことも大きかったかもしれません。この経験をすることで、ヨシオは幼稚園は心を動かしても大丈夫なんだ、周りには面白いことがあるんだ、ということを、身体を通して感じたのではないかと思います。

子どもとつながろうとする意志

このような過程を経て、最終的に、泥に入り込み、その後毎日、泥に入って遊ぶようになっていきました。そこには、一生懸命につながろうとする保育者の姿勢や、ここなら泥に入ってけると見極める保育者のヨシオ理解という、保育者の援助がありました。しかし、保育者が用意周到に計画したから心を開いていったわけでもなく、偶然でてきたヤモリが大きな影響を与えています。このような心動かされる偶然の出来事に対して、共に心を寄せ、一緒に心を動かすという、臨機応変のかかわりも大事になるのでしょう。自然の中での保育は、保育者が設定しなくても、子どもの心を動かす偶然の出来事がたくさんあります。もちろん、必要な環境の構成は行いつつも、偶然の出来事に対して共に驚いたり喜んだりする保育者の態度が求められているのかもしれませんね。

②

崖登りで友達に助けられることで親しみを増していったサヤカ【3歳児Ⅲ期】

3歳児期は、周りの環境とのかかわりを広げていくとともに、友達との関係も築いていくようになります。崖を登ることを通して生まれる関係性に注目してください。

3歳児1月● 友達に助けられての崖登り

本園は園舎のすぐ裏に山があり、12月から3歳児クラスの子どもたちも、標高差70ｍの山登りを始めていた。この時期はすいすいと登る子どもと、まだ足下がおぼつかない子どもがいる。ここに示したものは、登山道の脇の急な崖をある子が登ったことをきっかけに、それにつられるように、あまり山登りが得意でないサヤカも登りだし、普段のかかわりはほとんどないミワの助けを借りながら全力を出して登り切った事例である。

3歳児の山頂までの山登りも3回目となり、この日は少し急斜面のコースである「魔女の家コース」から登ることにした。この道の途中には高さ3ｍ程のほぼ垂直の崖がある。すると、崖を登り始める子どもが現れた。かなりの急斜面なので苦労していたが、ついに登り切った。その姿を見て、自分も登りたいと多くの子どもたちが崖登りを始めた。

サヤカもその様子に刺激されたのだろう。しばらくは他児の様子を見ていたが、ついに崖を登ろうとし始めた。最近の山登りでは少し苦労していたサヤカが崖登りを始めたことに、私は嬉しくなり注目していた。サヤカは登ろうとするのだが、急な崖であるため、1、2歩登るとずるずると滑り落ちる。それを数回繰り返した。サヤカは後ろを振り返って私を見つけた。そして、困った感じで「どうやって登るん、これ?」と聞いてき

た。その頼るような態度に対して、ここでは直接的に寄り添わない方が望ましいと感じた私は、「誰か友達に聞いてみたら」と少しつっけんどんに答えた。サヤカは私を頼るのを諦め、崖の上の方を見ながら「ねえ、これどうやって登るん?」とはっきりとした声で尋ねた。すると、ちょうど先ほど、友達に引っ張ってもらって崖の

上に登っていたミワが、「こっちから登ってきて」と自分が通った登りやすいルートを示し、手招きして呼んだ。サヤカは「わかった」と言ってそこから登りはじめた。両手をつきながら登ると半分までは登れたが、そこからはやはりずるずる滑って登れない。それを見ていたミワは上から途中まで降りて、「サヤちゃん、ここ」と必死で手を伸ばし、サヤカの手を持って引っ張った。しかし、傾斜が急すぎてミワの力では引っ張れず、下手したらミワもろとも落ちそうになる。するとミワは、「ちょっと待ってて」と言って一番下まで滑り降り、今度は下から押し上げるようにしてサヤカが登るのを手伝った。「いくよ」とミワが押すと、サヤカは「ありがとう」と押されながらも前を真剣に見つめて手と足を動かす。その二人の様子に気づいた上にいた他児が「ここ持って」と手を差し伸べて、上下から助けを受けながら、ついにサヤカは上まで登り切った。ずっと見守っていた私は、子どもたちだけでやりきったことに感動しながら、「やったね、サヤちゃん」と下から手を振った。サヤカは嬉しそうに私に手を振り、すぐに下にいたミワに「ミワちゃーん!」と弾けるように勢いよく手を振った。

このエピソードに含まれている内容

- してみたいことに自分から取り組もうとする。主体性
- 思ったことを自分なりに言葉などで表現する。コミュ
- 繰り返し遊ぶ中で、自分なりにやりたいことを試してみる。興味

解説

子どもの挑戦を引き出す自然

この時期になると、3歳児も能動性を発揮して環境に積極的にかかわっていくようになります。その中でも特に幼児を様々な形で惹きつけ、かかわりを生み出すのが自然環境です。

子どもたちはこの崖に登るという挑

戦するかかわりをし始めました。崖という自然環境が子どもの全力のかかわりを引き出したのでしょう。ここで保育者は、計画していた山登りをサクサクと行うのでなく、しばらくこの場でゆっくりと過ごすという時間の保障、及び、危険に見える崖登りを見守り行動を制限せずに空間の保障を行いました。そのことで、子どもたちは、自分なりに挑戦したり、身近な自然環境とかかわる時間が生まれていることがわかります。

あこがれを生む友達の存在

他児が登りはじめる中、サヤカははじめはその様子を見ていていました。他児が上から嬉しそうに保育者に向かって手を振る姿などを見て、サヤカの中に私も登りたいというあこがれが生まれ、私もやってみようとする意欲となっていったのでしょう。ついにサヤカも崖登りを始めました。しかし、いざ登りはじめると、崖は急でなかなか登れません。そのことでサヤカは頑張っても登れないという挫折と、何とかして登りたいという葛藤を味わっています。そして、助けてもらおうと一番頼りになると思われる保育者に相談しています。ここで保育者は、直接的な援助は行わず友達に尋ねる方向での助言を行っています。これは、挑戦するような内容は保育者が手を貸さない方がよいという考えと、サヤカに友達とのかかわりを促したい、またそれがもう可能であろうという今までのやりとりを通した見取りがあったからです。保育者に援助を拒否されたサヤカは、少し戸惑いどうしようかと葛藤していました。そしてついに、今まではさほどかかわりのない友達に尋ねたのですが、そこには自分で何とかしようとする意思や自分で決断する気持ちが表れています。

身体を通した友達とのつながり

サヤカに尋ねられたミワは、どこから登ればよいかを具体的にサヤカに伝えました。これは、自分が実際に登ったルートであるので、ここであれば登れるという経験を通した確信があったのでしょう。そして、いざサヤカが登りはじめると、ミワは自分から身を乗り出して手を引っ張ったり、下に降りて押し上げたりしています。ここではサヤカはミワに対する信頼感や感謝の気持ちを味わったでしょう。一方のミワは、サヤカの登っている姿があたかも自分が登るかのように一体となって感じられたのではないでしょうか。そのため思わず必死に助けたように感じられるのです。自然の中で挑戦することを通して、友達と身体感覚を共有するつながりが生まれました。

全力を出して登り切ったことで、サヤカは達成感や充実感を味わっていたようでした。保育者はそれを受け止めようと手を振ってかかわりました。達成感や充実感を身近な人に受け止められることで、それらをより確かなものとして感じられたのではないでしょうか。また、ミワにも自ら手を振る姿からは、ミワに対する親しみの気持ちが強くなっていることが見て取れます。斜面登りという一つの場面を通して、挑戦する心や友達に対する態度の変容が見られるエピソードでした。

③ 友達と楽しみながら助け合った子どもたち【４歳児Ⅱ期】

４歳児になると特定の友達との関係が強くなります。仲良しの友達とは力を合わせやすいですが、それ以外の友達とはなかなか難しいことも多いですよね。そんな時期に起こったエピソードです。

４歳児９月●ぬかるみにはまった友達を助ける

子どもたちは水たまりやぬかるみが大好き。雨上がりには思わず足を踏み入れる。しかし、前日にかなり大量に雨が降ったこの日は、普段よりも多くの水を含んでいたので、いつもと少し様子が異なっていた。

いつものように長靴でぬかるみに入っていった子どもたちだったが、この日はどんどんと長靴が深く入っていく。「うわー」「楽しい」などと言いながら、もがくほどに長靴がぬかるみに深く入っていった。初めはおもしろがってそこに近づいていったコウジだったが、結局自分もはまって出られなくなった。だんだんとぬかるみにはまっていくことで、次第に焦った表情になり、ついには真剣な顔で「出られん。誰か助けて」と言い出した。

近くでみんなの様子を笑いながら見ていたタケオだったが、コウジの声を聴き、砂場から大きなスコップを持ってきた。そして、コウジの足元

をめがけて、必死に掘り始めた。コウジは自由が利かなくなり、虫網で必死に自分の体を支えながらも、「そう。もうちょっと」などと、タケオのやることを応援している。

その姿に影響を受けたのだろう。他の子どもたちも砂場からスコップを持ってきて次々とぬかるみにはまった子どもを助け始めた。何とか抜け出すことができたコウジは、次は助ける側に回った。「ちょっと待っててよ。大丈夫だから」などと言い合いながら、何とか救出しようと必死な様子。そして、「タケオくん、一緒に助けよう」と、二人で力を合わせて別の子を助け始めた。

結局、ほとんどの子どもは長靴が脱げた状態になり、靴下や裸足になったが、そうなってからも、ぬかるみにはまったままの長靴を掘り出そうと、友達と力をわせて救出遊びを楽しんだ。

このエピソードに含まれている内容

- 自分の好きな遊びを見つけて、自分からやってみようとする。**主体性**
- 友達に自分の思いを仕草や表情、自分なりの言葉で表現しようとする。**コミュ**
- 気の合う友達と、思いを出し合いながら一緒に遊ぶことを楽しむ。**協同**
- 諸感覚を通して自然物とのかかわりを広げながら、面白さや不思議さ、美味しさなどを感じる。**感性**

解説

遊びの中にある身体を通した協力場面

この事例は幼児にはよくある光景で、目に浮かぶようだという方も多いでしょう。このような何てことない日常の中に、友達と助け合ったり協力し合ったりする内容が含まれているのだと思います。

この事例で見られる姿は、もともと「協力しよう」という気持ちがあったわけではなく、単にぬかるみに入ることを楽しみ、それを助けることも楽しむという、まさに遊びの姿です。この遊びを通して子どもたちはぬかるみに入った時の感覚や抜け出す困難さを共通に体験しています。この実感を伴った体験が子どもたち同士をつなぎ、相手の困っている気持ちが伝わってきて、相手を助けようとする行動につながっていったのではないでしょうか。

これからの時代を生きる子どもたちに必要な経験とは

　4歳になると、友達との関係が強くなってきますが、まだ話し合ったり協力したりすることは難しいことが多いです。しかし、5歳児になって急に話し合いができるようになるわけではありません。そこには、友達同士でかかわったり、協力したりするそれまでの過程が必要なのでしょう。これからの時代を生きる子どもたちには「他者の立場に立ち、他者の考えや行動に共感するとともに、他者と協力・協同して物事を進めようとする態度（国立教育政策研究所、2012）」をもつことが期待されています。しかし、他者の立場に立つことは容易ではありません。このエピソードで見られたような、遊びを通した共通の実感体験は、他者の立場に立つことや他者に共感することの基礎的な体験と言えるでしょう。困っている人の気持ちが伝わってくるからこそ、助けよう、協力しようとする態度につながっていったと思われます。自然とかかわりながら遊んだり生活したりしていると、相手のことが感じられて、思わず動いてしまうような素朴な体験が多くあります。そのことが、友達と協力しようとする態度を育む土台になっていくのではないでしょうか。

　友達の立場に立って考えよう、友達と協力しよう、ということがよく言われますが、それは、決して共感や協力を強制される中から生まれるものではなく、その時の実感や必要感などの現実の場面で感じられる感覚から生まれるものです。そのようにして友達と協力して取り組んだ充実感や喜び、達成感が、ひいては、様々な場面で友達に協力しようとする態度につながっていくのではないでしょうか。

深掘り解説

　下に示すものは、国立教育政策研究所が示したESD（Education for Sustainable Development＝持続可能な開発のための教育）の視点に立った学習指導で重視する能力・態度の例です。ESDと言われても、幼児教育には関係ないと感じる方も多いでしょうし、示されている能力・態度も難しすぎると考えられがちです。しかし、これからの時代を生きる子どもたちに必要な能力・態度を示したものであり、これらの基礎は幼児期に育まれるものでしょう。ここに示したものを育てるためには、幼児期にはどのような経験を保障すればよいかについても考えてみてはいかがでしょう。

ESDの視点に立った学習指導で重視する能力・態度の例
（国立教育政策研究所、2012）

ESDで重視する能力・態度
①批判的に考える力
合理的、客観的な情報や公平な判断に基づいて本質を見抜き、ものごとを思慮深く、建設的、協調的、代替的に思考・判断する力
②未来像を予測して計画を立てる
過去や現在に基づき、あるべき未来像（ビジョン）を予想・予測・期待し、それを他者と共有しながら、ものごとを計画する力
③多面的、総合的に考える力
人・もの・こと・社会・自然などのつながり・かかわり・ひろがり（システム）を理解し、それらを多面的、総合的に考える力
④コミュニケーションを行う力
自分の気持ちや考えを伝えるとともに、他者の気持ちや考えを尊重し、積極的にコミュニケーションを行う力
⑤他者と協力する態度
他者の立場に立ち、他者の考えや行動に共感するとともに、他者と協力・協同してものごとを進めようとする態度
⑥つながりを尊重する態度
人・もの・こと・社会・自然などと自分とのつながり・かかわりに関心をもち、それらを尊重し大切にしようとする態度
⑦進んで参加する態度
集団や社会における自分の発言や行動に責任をもち、自分の役割を踏まえた上で、ものごとに自主的・主体的に参加しようとする態度

④

様々な友達とのリレーを楽しんだユウタ【4歳児Ⅲ期】

4歳児後半になると、友達とのかかわりが多くなり一緒に遊ぶことが増えてきます。集団遊びも盛んになってきますが、特別な支援が必要なユウタは、ルールのある集団遊びには、入りにくいこともありました。

4歳児11月 ● 森でのリレー

4歳児は、運動会での年長組のリレーの様子に憧れをもったのか、自分たちもしたいと言い出した。もともと、森の斜面を走る遊びはしていたので、保育者がバトンを用意すると、「おお、なんかかっこいい!」と張り切って、急坂の斜面を登り、ぐるっと回ってゆる坂を下ってきて次の人にバトンを渡すコースにすることにして遊び始めた。

斜面はかなりのアップダウンがあり、でこぼこなので身のこなしが重要になる。下りはスピードが上がりすぎ、見ていても怖いぐらいであったが子どもたちはコースを走ること自体が楽しいようで、バトンを渡す場所も、グランドのリレーのようにきっちりとはせずに、そのあたりで渡すという感じで行っていた。斜面をぐるっと一周するコースで、その中心部には木が茂っているので、コースの内側を走らないなどの細かい決まりを気にすることなく、全力で何度も走っていた。

そのように数人が楽しんでいると、ユウタがそこにやってきて、「ユウちゃんもする」と入ろうとした。セイヤは少し嫌な顔をしながら「ユウちゃん、やり方分からんやん」と言った。実は、以前クラスの皆でリレーをしたときに、ユウタが逆走したり、線の中を走ったことを思い出したのだろう。他の子もあまり入れたくない感じだったが、保育者が「でも、やってみないと分かんないじゃん。分からんかったら教えてやったらいいし」

と伝えると、じゃあ、まあやってみようということになった。

はじめは保育者が一緒に走りながら、走るコースを教えた。ユウタは体力があり走るのが速かったので、同じチームにいた子どもたちからも「はやい」「すごいね」という声が上がり始めた。森のリレーは、細かい線などが引いてあるわけではなく、コースも木が茂っていて分かりやすいために、ユウタにもやり方が理解しやすいようだった。

ユウタがしっかり走れることで、周りの子どもたちも積極的にユウタにかかわるようになり、「次も頑張ろうね」と伝えたり、次の順番の子どもが「ユウちゃん、僕に渡すんよ」とかかわったりするようになった。ユウタも全力で走る喜びが味わえるだけでなく、友達とも一緒に楽しめる森のリレーが気に入って、この遊びは当分の間続いた。

このエピソードに含まれている内容

- 自分のやりたいことを見つけ、積極的にやってみようとする。主体性
- 友達と思いを出し合いながら一緒に遊ぶことを喜ぶ。協同
- 身近なものを、自分なりに見立てたり、使ったり、試したりしながら遊ぶことを楽しむ。創造

解説

多くの子が力を発揮しやすい環境の保障

特別な支援が必要な子どもが在籍している園も多いでしょう。それぞれの園で、友達と一緒に活動できる工夫をしておられると思います。

ユウタはみんなと一緒に遊びたいという思いはあるのですが、ルールなどを理解するのが少し苦手な面がありました。グランドで行ったリレーでは、なかなかうまくいかなかったのです。本格的なリレーは、走るコース、コースに入るタイミング、誰からもらい誰に渡すか、走った後どこに並ぶか、などかなり決まりごとが多いです。その点、森のリレーは、そのあたりがいい具合に曖昧なために、多くの子どもを受け入れることができるように思います。それでいて、リレーの本質である「全力で走る」ことと「仲間と力を合わせる」ことはできます。もっと言えば、森のリレーは、単に走る能力だけでなく、坂を登る、下る、コース取り、スピード調整など要素が多様になっているために、それぞれの子どもが考えたり工夫したりする余地が多くあり、それぞれの子どもがその子なりの楽しみを見つけやすいように思います。実際、グランドのリレーでは「走るのが遅いから」と嫌がっていた子どもも、このリレーには喜んで参加していました。ユウタにとってだけでなく、参加する皆にとって力を発揮しやすい遊びだったのでしょう。

自然の持つチカラ

自然の中での遊びは、許容する力が大きいように思います。保育室は人工物に囲まれており、それらは使い方が決まっているために、どうしても規制や制限がかかります。一方で、自然物は意味が規定されておらず、一人一人がその子なりのかかわり方ができます。特別な支援が必要な子にとっても、また、それ以外の子にとっても、全力を発揮して遊び込みやすい対象であるといえるのではないでしょうか。そのような環境であるから、ユウタもそして周りの友達も、遊びを思いきり楽しむことができたのでしょう。特別な支援が必要な子どもにとっての専門的な知識を身につけて環境を整えていくことももちろん大事ですが、許容する力の大きい環境の中で過ごせるように支えることも、大切な支援の方向性でしょう。

■自然物と人工物の違い

自然物	人工物
●同じものが一つもない ●時間と共に変化する ●意味が規定されていない ●正しい遊び方・使い方がない ●捨ててもゴミにならない	●規格化されている ●変化しない ●意味が規定されている ●正しい遊び方・使い方が決まっている ●使ったらゴミになる
↓	↓
●挑戦したいこと、やってみたいことにあふれている ●保育者が叱る必要がない ●想像・創造が広がる	●禁止・制約にあふれている ●保育者が叱ったり、止めたりすることが多くなる ●限られた遊び方になりがち
↓	↓
遊び込みやすい	遊び込みにくい

５

当番活動を「自分のこと」として考え、行動する【５歳児Ⅰ期】

５歳児になると、当番活動を行っている園も多いでしょう。年長児だからやるのが当然、と責任を与える形で行うことが多いでしょうが、幼児にとっては当番活動を「自分のこと」として考えることはなかなか難しいように思います。飼育当番に関しての取り組みを紹介します。

５歳児４月～６月●飼育当番活動についての話し合い

４月下旬▼当番活動のやり方を考え直す

年長児になり、本格的にウコッケイの飼育当番が始まった。年中組の時に当時の年長児から引き継いだ当番のやり方では、ウコッケイの餌は３杯あげることになっていた。しかし、雛が生まれて個体数が増えたのでその量では足りないようだった。保育者が「あげる量を６杯にしよう」などと決めることは簡単だが、それでは子どもたちが飼育当番を自分のことして考えることにつながらないと思い、子どもたちが考える機会をもつことにした。

子どもたちにウコッケイが夕方に鳴いていていることを伝えると、すぐに「お腹がすいているんだね」という言葉が返ってきた。私はすかさず「そうかもね！」と相槌を打った。すると「ちゃんと３回ご飯入れてるよ」とある子がいう。ほとんどの子どもがウンウンと頷く。「３回入れるってことになってるの？」と敢えて聞くと「そうだよ。前の年長組さんが教えてくれた」と答える。「そうか。でも、３回じゃ足りないみたいなんだよね。夕方に〝お腹すいたよ～〟って鳴くんだもん。見に行ったらね、エサ入れが空っぽになってるよ。どうしたらいいかな？」と問いかけてみた。すると、「いっぱい入れてあげる」という意見が出て、他の子が追い打ちをかけるように「20よ！」「50は？」「100回くらい？」と口々に言い始め、単に多い数を言うのが楽しいという雰囲気になっていった。

そんな流れを一気に変えたのが、ユウキの「でもさ、食べすぎたらお腹が痛くなるよ」という意見だった。その一言に、みんな妙に納得した。そ

こで「そうなん？みんなも食べ過ぎたらお腹が痛くなるん？」と聞くと「うん」「下痢になったりする」など自分がお腹を壊した状況を思い浮かべながら、その姿とウコッケイの姿を重ねあわせた。すると「多すぎたらいけんけ、10回くらい？」「6〜8回くらいがいいんじゃない？」と、適度な回数で話が進み始めた。最終的に何回にするのかは決まりそうになかったので、私は今までの倍である6回で話を落ち着かせようとした。

多くの子どもが「いいよ〜」と納得する中、ユウキが「4人おるんじゃけ、4と4にしたら？」と言った。その4羽という言葉に子どもたちはハッと気づいたかのように、ウンウンと頷きながら納得する。そこで私は「じゃあ4羽いるから、4と4で…8回にする？」と聞いてみると、多くの子どもが了承した。それでも、中には「8じゃ、少ないかもしれん」と心配する子どももいた。その子どもの気持ちを受け止めながら、「どのくらい食べるか、分からんもんね。8にしたら、残るかもしれないし、まだ少ないかもしれないし。だから、また8回あげてからどうなるか、見てみようね。」と言うと、みんな納得して「8回」という新ルールができた。

　次の日、当番は、私が何も言わなくても自分たちで8回餌を入れていた。お昼には、数名の子どもが餌の量を見て、「まだ餌残ってるから、大丈夫そうだね」「8回でちょうどいいくらいかもね」などと会話している様子が見られた。

5月上旬▼ウコッケイが産んだ卵をどうするのか考える

　4月末、ウコッケイが卵を温め始めた。母鶏の様子から卵を温めていることを確信した子どもたちは、卵を採取しようとはせず、卵を温めている母鶏の近くにえさを撒いたり、優しく見守ったりするようになった。しかし私は、この飼育小屋ではウコッケイがこれ以上増えるとスペースが足りなくなることを危惧し、本音では孵化させるのは避けたいと思って

いた。それでも、母鶏があまりにもじーっと温めているので、卵を奪うことに心苦しさも覚えていた。そこで、正直に子どもたちにそのことを話し、どうするか一緒に考えることにした。

子どもたちに、私の思いも含めありのままに相談すると「工事してウコッケイの部屋を大きくすればいい」「誰かが飼う」などの安易で人任せな考えが出てきた。工事については現実的に難しいことを伝え、飼う人については「その人がちゃんと飼ってくれなかったら、どうなるのかな?」と投げかけてみた。すると「死んだら可哀想」という意見が出ると同時に、「だったら（卵を）食べる?」と言い始める子どももいた。すると、「だめ!ヒヨコになるんだから、食べたらお母さんが泣くよ」とヒヨコにしたい子どもが強く訴える。「ヒヨコ」という言葉を聞くと「食べよう」と言った子どもも心が揺れ動く。結果として誰かがちゃんと飼えるなら孵化させること、それが難しかったらヒヨコにはできないから卵を自分たちで食べることに意見が落ち着き、子どもたちが保護者に相談することにした。すると次の日に、ある保護者が飼ってもいいと申し出てくれた。そこで、ヒヨコになることを楽しみにしながら当番活動をすることになった。

5月中旬▼孵化させるはずの卵について、再度みんなで考える

先日の話し合いで卵を孵化させることになり、子どもたちはみんな、母鶏が卵を温めている様子を微笑ましく見守っていた。そんな5月中旬のある日、子どもたちが当番活動をしていると、母鶏が卵から離れ、水を飲みに来た。その時の当番だったアキナは、その瞳に卵が映ると「卵あった!」と大興奮して卵を取ってしまった。それを見た私は焦って「いいの?ヒヨコ、生まれなくなっちゃうよ」と言うが、アキナは「いいの、私たちの栄養になるんだから!」と言い、嬉しそうに卵をかごに入れた。数日前にみんなで話してヒヨコに育てることを決めていたので、私はみんなで相談する機会を再度もった。きっと、皆がアキナの行動を止めさせると考えたのだ。しかし、あれだけ時間をかけた前回の話し合いはどこへ行ったのかというくらい、再び食べたい派と育てたい派に分かれた。私は、すでに数日卵を温めているので、絵本を使って現在のヒヨコになりかけているであろう卵の中身を知らせた。また、育てたい派の子どもたちは、これまで母鶏がどれだけ卵を守り、じっ

と温めてきたかを話したりした。一方食べたい派の子どもたちは、母鶏が温めていなかったという事実や、卵がどれだけ美味しいかを力説した。話は平行線だった。その時、「その卵って、あったかい？冷たい？」と、どちらがよいか決めかねていた子どもが言った。その発言をきっかけに、実際に採取した卵の温かさの確認が行われた。子どもたちの間では、温かい卵はヒヨコになる、冷たい卵は食べる卵という迷信のようなものがあった。触ってみると卵は温かかったようで、「卵、あったかい」という言葉が聞かれた。そこで子どもたちは卵の命を感じたようで、卵を母鶏に戻すことに決めた。

5月下旬▼卵がなくなった事実を知り、現実と向き合う

5月下旬、母鶏が温めていた卵が突如なくなった。集いの時に、当番が「たまごがなかった」とクラスの皆に報告すると、子どもたちからは「えー」「なんで？」という、驚きと疑問と失望が混ざったような反応が見られた。以前、飼育小屋でヘビを見たことがある子どもたちは、なくなった原因はヘビではないかという結論に至った。「母鶏が一生懸命温めていたのにね。みんなも大事に育てようとしていたのにね」と子どもたちの気持ちを私が言葉にすると、卵がなくなったことを残念だと思う気持ちがはっきりしてきて、卵を食べたであろうヘビを嫌いだと思う子どもも出てきた。

そこで今度はヘビの立場に立って考えてみることにした。「ヘビはどうして卵を食べたのだろう？」と子どもたちに尋ねてみると、子どもたちからは「ヘビはお腹が減っていて、食べないと死んじゃっていたかもしれない」などと、ヘビにとっては卵を見つけて食べることは生きていく上で大事なことだったということを理解しているような回答が多く聞かれた。しかし理屈は分かっていても、自分たちにとって大事にしていた卵がなくなったことが残念で仕方がない様子で、「でもさ～、ヒヨコにならんの、嫌じゃん」とつぶやく子どもの姿が見られた。

6月上旬▼新たな卵をどうするか、再度考える

母鶏が温めていた卵が忽然となくなってから3日後、ウコッケイが新たな卵を産んでいた。当番は卵を見つけると嬉しそうにかごに入れ、みんなに見せて回った。卵を見て、子どもたちはみんな嬉しそうな表情を見

せていた。

集いの時間、子どもたちに「新しい卵をどうするか」再び相談してみた。食べたい子どもが数名で、ヒヨコにしたい子どもが過半数を超えていた。私はどちらの意見にも共感した。そして先日の事件を想起させながら、ヒヨコにしたいと思ってもまたヘビなどに食べられることがあることを伝えた。するとヒヨコ派の子どもたちは悩み、黙ってしまった。すかさず〝食べたい派〟が「じゃけー、食べる!」と言う。その言葉にヒヨコ派だった子どもたち数名がコクンと頷いた。「でもヒヨコが生まれたら可愛いだろうね」と私が敢えて揺さぶると、また気持ちがヒヨコに傾く。ヒヨコ派の子どもたちは、どうしたらいいのか悩んでいるようだった。そのうちの一人であるアキナは、どうしても孵化させたいと思い、ヘビに食べられることなく孵化させる方法を考えていたのだろう。「卵を土の中に隠したらいい」と提案した。それを聞いて、みんなハッとしたように笑顔になった。「いいアイデアだね。隠してたら、ヘビとかに見えないもんね! でもさ、隠してしまったら、お母さんたちはどこに卵があるかちゃんと分かって温めるのかな?」と私の疑問を伝えてみた。「分からんけ、踏んで割るかもしれん」との意見が出る。アキナは諦めたように残念そうな表情をした。今度は「違うところに持って行って、捕られないようにする」との意見が出た。私が「ヘビに狙われないところに大事に置くのもいいアイデアね」と言うと、多くの子どもたちが頷いた。そこで「それってどこらへん?」と聞いてみた。「そら組の部屋とか先生の部屋とか」「そっか。じゃあ、そこに置いたとして、その卵はウコッケイのお母さんが温められるのかな?」と言うと、「…」。他にもいろいろな提案が出て、子どもたちはそれに対して真剣に考えていった。多くの子どもたちは何とかして卵を守りたいと思っているようだった。その気持ちは痛いほど分かるが、現実的に考えるとヘビから卵を守りつつ孵化させる方法は私にも思いつかなかった。一方、食べたい派の子も数名は「食べたい〜」と言い続けている。一体どうしたらいいんだろうという雰囲気と、もう考えるのは疲れた…という雰囲気になってきた。

ヘビの侵入を防ぐことは現実的には難しいと思った私は、孵化させたいと真剣に考えている子どもたちに、卵が無くなる悲しさを再び感じさせるのは申し訳ないと思った。そこで、

ヘビの生態について知らせることにした。「ヘビは、夏は活発に動いてたくさん食べるが、冬になると冬眠するため卵を食べに来ることはないこと」を伝えると、子どもたちは「へ～」と驚いた様子を見せ、冬眠するヘビを想像して面白がっていた。ある子どもが「じゃあ、冬になったらヒヨコにする？」と言い出した。みんなに「どう思う？」と聞いてみる。すると「いいね！」という頷きや笑顔が見られた。そこで「ヘビが寝ちゃう、寒くなる季節になったらまたヒヨコにするようにして、それまでは卵は自分たちで食べるってことでいい？」と確認すると満場一致だった。こうしてしばらくの間、卵は自分たちで食べることになった。ヒヨコにしたい気持ちと、食べたい気持ちの両方が満たされていた。

後日談

この話し合いの通り、子どもたちは10月から卵を温められるようにし、10月の終わりに3羽の雛が生まれた。子どもたちはヒヨコをそれはかわいがり、よく世話もした。そして卒園間際の3月に、今後育ててくれる人のところまで、大きくなったヒヨコを連れて行った。

（事例提供：妹尾有貴）

このエピソードに含まれている内容

- 片付けパトロールや飼育当番など、園生活で必要なことを進んでやろうとする。 主体性
- いろいろな友達と互いの思いや考えを言葉で伝え合う。 コミュ
- 友達と力を合わせたり、話し合ったりしながら遊ぼうとする。 協同
- 動植物をじっくり観察したりかかわったりすることで、そのものの特性に気付いたり、関心を高めたりする。 興味

解説

「自分のこととして」考えるために

責任をもって考えたり取り組んだりしていくことは、「責任をもってやりなさい」と言ってできるものではありません。子どもたちが「自分のこととして」考え行動するためには、保育者の指示や決められたことだけをさせるのではなく、子どもに主導権を渡し、子どもたちと一緒に考えたり話し合ったりすることを大切にしたいと保育者が考えて、実践した事例です。しかし、実際に子どもたちに主導権を渡すと、このエピソードにもあるように、話し合いに時間がかかったり、決めたこと

が覆されたり、子どもだけでは考えが及ばなかったりすることが多々あります。「餌は6杯にしよう」「幼稚園ではこれ以上飼えないから食べることにしよう」など、保育者が決めた方が楽ですし結論が早いのです。しかし、それでは、子どもたちは義務として与えられたから当番活動を行うことにはなるでしょうが、「自分のこととして」当番活動を捉え、考えていくことにはつながっていかないのではないでしょうか。

　実際、この一連のエピソードでも、子どもたちは初めのうちは飼育動物や周りの状況を考えずに、言わば無責任に言動している場面がたくさんあります。保育者がそのことにも丁寧にかかわりながら、もう一度問い返すことで、子どもたちは次第に自分のこととして、そして対象のことを考えながら責任をもって言動するようになっていく様子が表れています。保育者も子どもたちと一緒にどうしたらいいのか考えたり悩んだりしながら共に話し合っていくこと、それを積み上げていくことが、自分のこととして周りのことを捉えようとする態度を育むことにつながっていくのでしょう。これは、先にあげたＥＳＤの視点に立った学習指導で重視する能力・態度の例（１３７頁）に挙がっている「人・もの・こと・社会・自然などと自分とのつながり・かかわりに関心をもち、それらを尊重し大切にしようとする態度」の基礎となるものでしょう。そのためには、保育者の思い通りにはならない中でも、保育者が子どもの思いや考えにどれだけ柔軟になれるのか、そこで出てきた結論にどれだけ責任を負えるのか、という、保育者の許容する力が問われているように思います。

親しみの気持ちがつながりを生む

　飼育当番を行いながら実際に飼育動物とかかわったり、またそこで起こる様々な事柄について皆で話し合ったりすることを通して、その対象との距離がぐっと近くなり、その対象を深く知り、結果として対象への深い愛着が湧いてきているように思います。そのことで、その生き物とのかかわり方が丁寧になり、愛情をもってお世話をするようになり、そして命を身近なこととして感じるようになっているのではないでしょうか。だからこそ、「自分のこととして」考えを出し合う話し合いが可能になったのだと思います。

生物多様性を考える基礎となる経験

　ヘビが卵を食べたエピソードには、保育者の生物多様性に対する態度が表れています。子どもたちの残念だという思いは汲み取りつつ、全てを人間の都合だけで考えることに対して、それでよいのかという価値観を子どもたちに示しているのでしょう。ヘビのように一見自分たちには都合が悪い生き物もいるけれど、その生き物も生きており、排除すればいいわけではないことや、結果としてヒヨコが生まれたことで、工夫しだいで共存できる可能性があることを、子どもたちは身をもって感じたのではないでしょうか。このように、生物多様性を考えていく上での基礎となるような経験が幼児期にできるといいですね。

⑥

一本橋渡りに挑戦し、それをやりきったリンカ【5歳児Ⅰ期】

5歳児になると、友達と遊ぶことが当たり前になります。その中で、友達と一緒に遊ぶことに価値を置きがちですが、5歳児でもその子ども自身が力を発揮し遊び込むことがまずは大事だと考えています。これもその一例です。

5歳児7月●森の中でのとことんまでの挑戦

山登りをして山頂に出かけた日のこと。私が気がつくと、リンカは一人で「勇者の一本橋」と呼ばれている、倒木の前にいた。それは、倒木の先が別の木の幹に引っかかっており、空中に浮いた形になっている。渡りきった先は地面からの高さが2mほどあり、そこにロープがかかっていて下りられるようになっているものである。年長児になった当初は多くの子どもが「勇者の一本橋」渡りに挑戦していたが、リンカはそれを横目で見ているだけだった。年長児になった今でも保育者のそばから離れられなかったり、山を下るときに滑ることを嫌がって泣くこともあるリンカ。そのリンカが一人で挑戦しようとしていることに私は驚きつつ、リンカからは見えない少し離れたところから黙って見守ることにした。

一本橋の渡りはじめは支えになる木があるのでリンカは手で身体を支えながら真ん中までゆっくりと歩いて行った。しかし、それ以降は支えがなくなる。リンカは突然「怖い、怖い」と大きな声で叫び出し、木を抱きかかえるようにして座り込んでしまった。私は思わず飛び出していき、「大丈夫? 降りる?」と手を伸ばした。これだけでもリンカは十分頑張った

という思いがしていたのだ。するとリンカは「ロープ（一本橋の端）まで行く！」とはっきりとした声で言い、私の手を振り払うようにして再び立ち上がった。私はその強い態度に驚くと同時に、真剣に立ち向かっているリンカに対して申し訳ないことをしたことを心でわびながら、黙って少し離れたところから見守ることにした。立ち上がったものの、ここより先は木の支えがないことで、リンカの歩みは大変遅く、初めのうちは少し手を離してはまた戻ることの繰り返しだった。それでも足を横向きにしてリンカは少しずつ進んだ。私は、私自身が渡っているような感覚になり、一緒になって木と格闘し続けた。かなりの時間が経って、ついに

端までたどり着いた。くたくただけどやりきったような成就感が伝わってきて、二人で安堵の息をつきながら微笑み合った。

このエピソードに含まれている内容

- 新しい遊びに挑戦しながら、意欲的に自分の力を試してみようとする。**主体性**
- 身近な自然物を使って、自分なりに工夫しながら遊ぶことを楽しむ。**創造**

解説

リンカの力を引き出したもの

５歳児になると、友達と一緒に遊ぶことが中心になります。その中で、自分自身のめあてがはっきりしなくなったり、友達とは一緒に過ごすけれどその中で自分の力は十分に発揮できにくい子どももいます。また、行事の場面や保育者が指示したことには力を発揮できるけれど、遊ぶ時間になったら何をしてよいのか決められず困ってしまう子どももいます。リンカにもそのような傾向がありました。

このエピソードでは、少しひ弱で繊細なリンカのどこにこんな意欲が潜んでいたのだろうというぐらい、諦めず粘り強く一本橋渡りに挑戦していました。このリンカの挑戦を引き出したものは何でしょう。それは、自然の中という環境によるところが大きいと思います。まずはこの時点で山に登っていたということがあげられるでしょう。リンカは山登りで全力を尽くしていたので、自分が解放されており、もっと自分の力を発揮したいという気持ちになっていたのではないでしょうか。そして、自然の中に包まれていることで、

普段なら人目を気にするかもしれないリンカが、素直に自分のしたいことに心を向けることができやすかったように感じます。そして、山頂付近には遊具がありませんから、気軽にできることに逃げることもありません。その中で、今までも友達がしていたのを見ていた「勇者の一本橋」を自分もやってみたいという気持ちが高まったのでしょう。

　このエピソードにおいて、保育者は思わずリンカを助けようとしましたが、リンカによって拒まれ、結果ほとんど手出しをせず、見守っていただけです。丁寧に手助けをするばかりでなく、時にこのような援助が必要なのだと教えられた気がします。

友達とかかわる根底にある「自分」

　リンカの自分の全力を発揮して取り組んだ経験は、リンカの中に何かを生んだようです。この後、リンカは確かに変わっていき、友達の中でも自信をもってかかわるようになっていきました。

　5歳児の時期は、友達と協力する関係を築くようになっていきますが、その根底には、一人一人に「自分」が育っている必要があるでしょう。5歳になっても、いや友達とかかわり合う5歳だからこそ、一人一人が挑戦したり自分を発揮することを支えることをやっていきたいものです。

深掘り解説

森の幼稚園卒園児の体力や学力は？

　森の幼稚園で遊ぶと体力がつきそうですが、それは小学校以降にも継続するのでしょうか。また、遊んでばかりのようですが、学力につながるのでしょうか。そのことを調べるために、全国一斉に行われている新体力テストおよび標準学力検査 NRT の結果を卒園児に聞き、全国平均と比較してみました。

　すると、体力テストでは半数ほどの項目で、学力検査ではすべての項目で、有意差（統計的に意味のある差）があり、本園の卒園児の体力や学力が高いことがわかりました。6年生まで高い期間が続いていることからも、森の幼稚園の保育と保育環境は、卒園児の体力や学力に、少なくとも6年間はポジティブな影響を与えていることが示唆されました。

　詳しくは、「森の幼稚園の保育環境が小学校以降の体力・運動能力および学力に及ぼす影響―小学校での新体力テスト・標準学力検査を用いた長期的な影響の検討―」（小鴨ら，2017）をご覧ください。

新体力テストにおける本園卒園児の結果と全国平均（平成 27 年）の比較

男児						
	1年	2年	3年	4年	5年	6年
握力	△	×	△	×	×	×
上体起こし	○	×	○	◎	○	○
長座体前屈	△	○	○	×	×	×
反復横とび	◎	△	×	×	△	△
20 mシャトルラン	◎	×	×	○	○	×
50 m走	×	×	×	×	○	×
立ち幅とび	×	△	×	△	◎	×
ボール投げ	×	×	×	×	×	×
女児						
	1年	2年	3年	4年	5年	6年
握力	×	×	×	×	×	○
上体起こし	×	×	×	×	×	×
長座体前屈	×	○	×	×	○	○
反復横とび	◎	○	○	×	◎	◎
20 mシャトルラン	◎	◎	×	×	△	○
50 m走	×	×	×	×	×	△
立ち幅とび	◎	○	◎	△	△	○
ボール投げ	○	△	×	○	×	○

標準学力検査 NRT における本園卒園児の結果と全国平均（平成 25 年）の比較

	2年	3年	4年	6年
国語	◎	◎	◎	◎
算数	◎	○	◎	◎

×：非有意差　△：$p<0.10$　○：$p<0.05$　◎：$p<0.01$

⑦ 森の幼稚園最後の試練、山越え探険【5歳児Ⅲ期】

森の幼稚園で過ごしてきた子どもたちは、どのように育っていくのでしょうか。ここでは、第1章の冬でも紹介した、卒園前に行われる「山越え探険」における、あるグループの子どもたちの会話を紹介することで、それを示してみたいと思います。

5歳児2月 ● 知恵を出し合う山越え探険

5歳児は卒園前の2月に山越え探険を行うのが恒例になっている。山越え探険は、クジで決められた3、4人が1チームになり、山の頂上付近から下った先にあるゴールをめざすものである。ただし、その道は整備されていないので、道なき道を行く藪こぎとなる。それぞれのチームには、記録と安全確保のために保育者が1名ついているが、保育者は子どもたちの前に行かないことと声を出さないことが約束となっている。

ここでは、ヒロト（男児）、レイ（男児）、ハルコ（女児）が、山越え探検を始めてしばらく下った後に、前がふさがって道が見えなくなった場面からの会話を紹介する。なお、この3人は普段は別のグループで遊ぶことが多く、お互いがかかわることは多くない。

シダが身長より高く生えそろっていて前が見えず、道が見つからない。ヒロトが先頭を行っている。

ヒロト▼（シダを掴んで）これをひっぱれー！

レ　イ▼おおものをひっぱれ、ヒロトー！

シダが外れ、そこだけトンネルのように穴が空く。

ハルコ▼うわー、すごい　道ができてきた

ヒロト▼道ができた よし、ここ行こうここ降りて行こう

ヒロトがシダを処理しているうちにレイが先頭になる。

レ イ▼（穴に足を踏み出すと）うわ（ずるっと滑り落ちる）

ハルコ▼（自分も足を踏み入れるが滑る）どんどんしずんでいったけど、ちょっとー（そのまま落ちる）

ヒロト▼（進めて）よかったじゃん

ヒロト▼（進もうとして、周りの木に服が引っかかる）おい 引っかかった

レ イ▼大丈夫か

ヒロト▼すごい引っかかるこれ いたー

レ イ▼大丈夫か（ヒロトのところに戻る）

レイ、ヒロトの引っかかりをはずす。そして、3人で少し進む。すると、再び目の前がシダでふさがれる。

ヒロト▼またここ！ おい、勘弁してくれよ、もう（少し泣きそうな声になる）

レ イ▼あ じゃあ いい方法があるぞ

ヒロト▼あ、じゃあ、（下を）掘りまくろう、もう

レ イ▼掘りまくれる時間はない

レ イ▼（シダの山の端っこを指差し）むこう行こう、こっち行こう

ヒロト▼あ そうだ そうだね こっちの方向があった

ハルコ▼（最後尾で困った声で）ちょっと、靴がぬげそうなんだけど

ヒロト▼（レイに小声で）ハルコちゃん前に行ったほうがいいかね

レ イ▼ハルコちゃん前行って

ハルコ▼（前に進みながら）えっとおいしょこっ うっ

ヒロト▼大丈夫？

ハルコ▼（たくさんのシダの中を進みながら）なんか海の上を 泳いどるみたい

ヒロト▼海にまきこまれて

ハルコ▼うわぁ（目の前にまた壁のようにシダが立ちふさがる）

レ イ▼大丈夫 みんな？ おれは大丈夫だから

ハルコ▼押し込めー 押し込めー ハルコー みんなで押せー

（皆でシダを押す）

レ イ▼うわー

ヒロト▼押せっていうか、進まんっていうか

ハルコ▼こういうのは嵐じゃー

行き止まりのようになって、3人進めなくなる。

ヒロト▼じゃあ 下からもぐりこめば？

ハルコ▼（やってみようとするが）そういうのはちょっと 木に引っかかって

レ イ▼だめだ だめだ 上から行こう

ヒロト▼この木をのぼ…使っていけばいいのか

レ　イ▼この木　使って
ハルコ▼そうだ 木の ちょっとさ 木の上に乗るようなさ　そうしたらいいんじゃない
ヒロト▼ここを使おう ここを使えばきっと行けれる
ハルコ▼なんかさ 恐竜の葉っぱはさつかまんようにしてさ

ヒロト▼おれが前になるもう　もぐるぞー（中に入っていく）
ハルコ▼そうしよう うわー
ヒロト▼おりゃー
ハルコ▼うわー　こういうのは嵐しかない
ヒロト▼嵐どころか 大嵐っていうかもうよく分からん世界だ
ハルコ▼葉っぱ嵐 葉っぱ嵐や
レ　イ▼気をつけてね　ここの先っちょだから
ハルコ▼やっと乗りこえた　うわぁまた（再び行く手を遮られる）
レ　イ▼大丈夫？
ハルコ▼うわ 大人っていうのはこういうのがいっぱいだなぁ
レ　イ▼こっち行こう、こっちゴールはむこうなんだよ ゴールはむこうなんよ むこう行こう

この後は木々の間にすき間ができ、3人は無事に、山越えのゴールにたどり着いた。

このエピソードに含まれている内容

- 自分のめあてに向かって根気強く取り組み、達成感を味わう。 主体性
- 自分らしさや得意なことを発揮しながら、クラスの中での存在感を味わう。 自信
- 自分の考えたことを伝えたり、友達の考えを受け止めたりしようとする。 コミュ
- 互いに励ましたり助け合ったりしながら、クラスの仲間と力を合わせる。 協同
- 遊びや行事をよりよくするために、相談しながら自分たちで考えようとする。 創造
- これまでの経験から、身近な素材の特性を生かしたり、新たに工夫したりしながら遊ぶ。 創造

解説

この、必死な中にも、少しユーモアもあるやりとりの中に、子どもたちが育った姿が表れているように思います。教育課程のねらいや内容に示された姿も多く表れていると思います。ここでは、「幼児期の終わりまでに育ってほしい姿」に照らし合わせて、子どもたちの姿を見ていきましょう。

(1)健康な心と体
幼稚園生活の中で、充実感をもって自分のやりたいことに向かって心と体を十分に働かせ、見通しをもって行動し、自ら健康で安全な生活をつくり出すようになる。

これだけの困難な場所を歩くだけでも体力や身のこなしが十分身に付いていることが分かりますが、「ここを使おう」など、前進するために見通しをもって行動していることが分かります。また、前向きにやり遂げようとする態度が育っていることも、この一連の会話から見えてきますね。

(2)自立心
身近な環境に主体的に関わり様々な活動を楽しむ中で、しなければならないことを自覚し、自分の力で行うために考えたり、工夫したりしながら、諦めずにやり遂げることで達成感を味わい、自信をもって行動するようになる。

子どもたちの会話からは、「じゃあ、いい方法があるぞ」「ここを使おう。ここを使えばきっと行ける」「おれが前になるもう。もぐるぞー」など、この場を乗り越えるために、自分のできることを考え、工夫していることが伝わってきます。そして、何度も道がふさがり弱気になることもありますが、諦めずにやり遂げていく様子が伝わってきますね。

(3)協同性
友達と関わる中で、互いの思いや考えなどを共有し、共通の目的の実現に向けて、考えたり、工夫したり、協力したりし、充実感をもってやり遂げるようになる。

子どもたちは、「むこう行こう、こっち行こう」と考えを伝えたり、「あ、そうだね。こっちの方向があった」と友達と考えを共有したり、「押し込めー押し込めハルコー　みんなで押せー」と協力したりなど、ゴールに向かうという共通の目的に向かって、考えを出し合い、工夫したり、協力したりしている姿が表れています。

(4)道徳性・規範意識の芽生え
友達と様々な体験を重ねる中で、してよいことや悪いことが分かり、自分の行動を振り返ったり、友達の気持ちに共感したりし、相手の立場に立って行動するようになる。また、きまりを守る必要性が分かり、自分の気持ちを調整し、友達と折り合いを付けながら、きまりをつくったり、守ったりするようになる。

ここでは、木に引っかかって困って

いる友達のところに戻る姿や、靴が脱げそうな友達を気遣って前に行くようにうながす姿、「大丈夫、みんな？ おれは大丈夫だから」と友達と励ます姿、「おれが前になる」と困っている友達を助ける姿、「気をつけてね、ここの先っちょだから」と注意をうながす姿など、友達の気持ちにより添い、相手の立場を考える言動が多く表れています。

⑸社会生活との関わり

家族を大切にしようとする気持ちをもつとともに、地域の身近な人と触れ合う中で、人との様々な関わり方に気付き、相手の気持ちを考えて関わり、自分が役に立つ喜びを感じ、地域に親しみをもつようになる。また、幼稚園内外の様々な環境に関わる中で、遊びや生活に必要な情報を取り入れ、情報に基づき判断したり、情報を伝え合ったり、活用したりするなど、情報を役立てながら活動するようになるとともに、公共の施設を大切に利用するなどして、社会とのつながりなどを意識するようになる。

ここでは、下を掘って抜けようとする考えに対して、「掘りまくれる時間はない」と判断し別の方法を示したり、下からもぐり込もうとしたら木に引っかかったという事実を踏まえて「だめだ、上から行こう」と判断したり、「この木を使って」と新たな情報を友達に適切に伝える姿が表れています。

⑹思考力の芽生え

身近な事象に積極的に関わる中で、物の性質や仕組みなどを感じ取ったり、気付いたりし、考えたり、予想したり、工夫したりするなど、多様な関わりを楽しむようになる。また、友達の様々な考えに触れる中で、自分と異なる考えがあることに気付き、自ら判断したり、考え直したりするなど、新しい考えを生み出す喜びを味わいながら、自分の考えをよりよいものにするようになる。

「押し込めー」「上から行こう」「この木を使って」など、子どもたちは、どうすれば前に進むことができるかを、木の状態を見ながら考えたり、試したりし続けていることが表れています。そして、それぞれの子どもが自ら判断する中で、友だちに意見を言われて「そうだね、こっちの方向があった」と考え直すなど、自分の考えをよりよいようにする姿も表れています。

⑺自然との関わり・生命尊重

自然に触れて感動する体験を通して、自然の変化などを感じ取り、好奇心や探究心をもって考え言葉などで表現しながら、身近な事象への関心が高まるとともに、自然への愛情や畏敬の念をもつようになる。また、身近な動植物に心を動かされる中で、生命の不思議さや尊さに気付き、身近な動植物への接し方を考え、命あるものとしていたわり、大切にする気持ちをもって関わるようになる。

子どもたちは、「なんか、海の上を

歩いているみたい」と自然の雄大さを感じたり、「またここ！おい、勘弁してくれよ」「こういうのは嵐しかない」「嵐どころか、大嵐っていうか、もうよく分からん世界だ」とその困難さを感じたりして、言葉で様々に表現しています。

自然の中にどっぷりと浸かりながら、人間を超えたものを感じる経験になっているのではないでしょうか。畏敬の念の原体験とも言えるものだと思います。

⑻数量や図形、標識や文字などへの関心・感覚
遊びや生活の中で、数量や図形、標識や文字などに親しむ体験を重ねたり、標識や文字の役割に気付いたりし、自らの必要感に基づきこれらを活用し、興味や関心、感覚をもつようになる。

ここでは、直接これらの内容は表れていませんが、出発前に地図を見てゴールの位置を考えたり、自分なりの地図を作ったりする子どももいました。

⑼言葉による伝え合い
先生や友達と心を通わせる中で、絵本や物語などに親しみながら、豊かな言葉や表現を身に付け、経験したことや考えたことなどを言葉で伝えたり、相手の話を注意して聞いたりし、言葉による伝え合いを楽しむようになる。

子どもたちが、様々な言葉を駆使して、活発に今の状況や思いを伝え合っている姿が表れています。また、相手の言葉に耳を傾け、応答しているのも特徴的です。さらに、「海の上を泳いでいるみたい」「嵐どころか、大嵐だ」などの豊かな表現をした上で、それに対して会話を重ねて、困難な中でもユーモアのある会話が成立しています。

⑽豊かな感性と表現
心を動かす出来事などに触れ感性を働かせる中で、様々な素材の特徴や表現の仕方などに気付き、感じたことや考えたことを自分で表現したり、友達同士で表現する過程を楽しんだりし、表現する喜びを味わい、意欲をもつようになる。

ここでは、言葉による表現に限られますが、先に述べたようにファンタジーの世界観を表現するなど、感じたことを表現する姿が表れています。「大人っていうのは、こういうのがいっぱいだなぁ」など、その子らしい感性から生まれた表現が表れていますね。

このように、「幼児期の終わりまでに育ってほしい姿」のほとんどの内容が、この一つのエピソードの中で表れています。繰り返しになりますが、このエピソードで見られた姿は、「幼児期の終わりまでに育ってほしい姿」を到達目標としてそれらを育てるための保育を行ったから表れたのではなく、3章のカリキュラムに示した幼児期に大事な経験を保障することを続けてきた結果として、年長の卒園前の姿として表れたものです。「身近な自然を活かした保育実践とカリキュラム」を通して「環境・人とつながって育つ子どもたち」の具体的な姿だと言えるでしょう。

コラム5

保護者パワーを活用しよう

本園では、「木いちごの会」という保護者会（主に母親）と、「FC（Fathers' Club の略）の会」というおやじの会があります。この会のおかげで、園の保育が成り立っていると言っても過言ではありません。

保護者の活動を紹介する前に、園が保護者にどのようにして森での保育を伝えているかをお伝えしましょう。園だよりやクラスだよりで子どもたちの様子を伝えるのは当然ですが、それ以外に「森の日参観日」を行い、子どもたちが実際にどのように森で遊んでいるかを見てもらう機会をもっています。また、保護者の方が森の達人（インタープリター）と一緒に森を体験する機会をもったり、「親子で森にかかわろう」というイベントで、親子で枝拾いやクリのイガ拾いなどを行って森の保全活動を行う機会を作っています。このようにして、単なる伝達だけでなく実際に保護者も森で体験する機会を多くもてるようにしています。

そのようなこともあるのか、保護者の方の園活動に対する理解と協力は大変大きいです。「木いちごの会」では保護者全員が広報部、厚生部などいずれかの部に所属し、園生活を支える様々な部活動を行ってくださっています。さらに園庭の環境整備を全員で行ったり、有志が森でツルや自然物を拾ってきて、リース作りを楽しんだりしています。

また、森での活動を支えるのに大きな力を発揮してくれるのがおやじの会である「FC の会」です。FC の会では、森の環境整備のために年 3 会の活動を行い、草刈りや間伐、焚き火のための薪作りなどを行っています。また、有志で行う「もの作り部」では、今までにツリーハウスや山小屋、薪小屋などを作成してくださいました。土日返上で園に来て、大工仕事のようなことを行うのです。来ている方に聞くと、普段は出会うこともない様々な職種の人と一緒に活動することが何とも楽しいようです。もちろん、終わった後の打ち上げも楽しいんでしょうね。ある調査によれば、おやじの会で本業とは異なる様々な人と話す機会をもつことが、その人の精神的な健康を保ちやすくしているというものもありました。「ほんま、大変じゃったわい」と言いながら一献傾けるのが楽しいのでしょう。

本園の教育理念は「大きな森にいだかれて」と「あったか仲間にかこまれて」です。園を中心にして子どもたちを取り巻く「あったか仲間」が子どもたちを育てていくのだと思います。保護者の方と一緒に子どもたちを育てていき、そして私たちも育っていく、そのような関係を今後も続けていきたいと思います。

引用・参考文献

第2章

- 広島大学附属幼稚園『幼児教育研究紀要』第34巻、2012年
- 河合雅雄『子どもと自然』岩波新書、1990年
- 友定啓子「「森の幼稚園」の保育的意義－人とかかわる力を育む視点から」『山口大学教育学部研究論叢（第3部）』第61巻、pp.269-282、2011年
- 山田卓三『生物学からみた子育て』裳華房、1993年
- 『産業教育機器システム便覧』日科技連出版社、1972年
- 岡村はた・久山まさ子『保育環境としての植物－草・花・木と子ども』建帛社、1988年
- 秋田喜代美『くらしの素顔－保育の場の子どもたち』フレーベル館、2011年
- 岡部翠『幼児のための環境教育－スウェーデンからの贈り物「森のムッレ教室」』新評論、2007年
- 浜田久美子『森の力－育む、癒やす、地域をつくる』岩波書店、2008年
- 大澤力「進めよう！環境教育－次の時代を創造する子どもたちにとって必要な「里庭」と「労作教育」」『幼稚園じほう』第38巻6号、pp.5-11、2010年

第4章

- レイチェル・カーソン、上遠恵子訳『センス・オブ・ワンダー』新潮社、1996年
- 国土交通省「都市公園における遊具の安全確保に関する指針（改訂第2版）」(http://www.mlit.go.jp/common/000022126.PDF)、p.8、2014年

第5章

- 国立教育政策研究所教育課程研究センター「学校における持続可能な発展のための教育（ESD）に関する研究［最終報告書］」2012年
- 小鴨治鈴・松本信吾・久原有貴・関口道彦・中邑恵子・上田毅・清水寿代・杉村伸一郎「森の幼稚園の保育環境が小学校以降の体力・運動能力および学力に及ぼす影響－小学校での新体力テスト・標準学力検査を用いた長期的な影響の検討」『広島大学学部・附属学校共同研究機構研究紀要』第45号、2017年

コラム①

- 文部科学省『幼稚園教育要領<平成29年告示>』フレーベル館、2017年
- 文部科学省『幼稚園教育要領解説　平成30年3月』フレーベル館、2018年
- 矢野智司『意味が躍動する生とは何か—遊ぶ子どもの人間学』世織書房、2006年
- 今村光章『森のようちえん：自然のなかで子育てを』解放出版社、2011年

巻末資料

広島大学附属幼稚園のカリキュラム

3歳児カリキュラム Ⅰ期（4・5月）

保育者に親しみ安心しながら、身近な環境にかかわり始める時期	
この期に見られる子どもの姿	●自己の側面 ・保護者と離れることの不安や、園生活への見通しがもてないことによる戸惑いがみられるが、保育者に親しみながら安心して過ごすようになる。安心 ・自分から身近な環境や遊具にかかわって遊びだす子どももいるが、なかなか動き出せない子どももいる。安心して過ごすようになるにつれ、周りの環境にかかわるようになる。主体性 ・身支度、排泄、着脱などについても個人差が大きく、自分でやろうとする子どももいるが、まだ自分でできなかったりやろうとしなかったりする子どもがいる。自立 ●他者の側面 ・入園当初は保護者と離れることで不安を感じる子どもが多いが、次第に保育者と遊ぼうとしたり、不安な時や困った時などに保育者を求めたりするようになる。友達に対しては、誰にでも人懐こくかかわる子どももいるが、それを嫌がったり避けたりする子どももいる。親しみ ・保育者に慣れるにつれスキンシップを求めたり話しかけたりなど、保育者にかかわろうとする子どもが多くなる。友達に対しては抵抗なくかかわる子どももいるが、どうかかわってよいか分からず、緊張して固まったり、叩いたり蹴ったりする子どももいる。コミュ ●環境の側面 ・生き物や草花を見たり触ったり匂ったりしながら、その存在に気付いたり面白さを感じたりして笑顔を見せる子どもや、初めての出会いによる不安から涙が出る子どもがいる。感性 ・今まで虫を触ったり花を摘んだりしたことのない子どももいるが、周りの子どもに刺激を受けながら、保育室付近の花壇で草花に触れて遊んだり、ダンゴムシなどの身近な生きものを探したり、砂場で遊んだりなど、少しずつ周りの自然物に興味をもつようになる。興味
ねらい・内容	**●園生活に慣れ、喜んで登園する** **●保育者と一緒に過ごしながら、親しみをもつ** **●身近にあるものに出会い、見たり触ったりしようとする** ・保育者のそばや、好きな遊びができる場所などで安心して過ごす。安心 ・好きな遊びをしたり楽しい時間を過ごしたりすることで、幼稚園は楽しいと感じる。安心 ・保育室内外の身近なものに、自分からかかわって遊ぶ。主体性 ・身支度など自分でやってみようとする。自立 ・保育者に受け止められたり、一緒に遊んだりすることで、親しみの気持ちをもつ。親しみ ・集いを通してクラスの友達と歌を歌ったりおやつを食べたりすることを楽しむ。親しみ ・自分のしたいことや、してほしいことを保育者にしぐさや言葉で表現する。コミュ ・砂、水、泥、草花などの身近な素材と出会い、それらの感触を楽しんだりそれらを使って遊んだりする。感性 興味 ・飼育動物に餌を与えたりかかわったりすることで、親しみをもつ。感性 ・身近にいる生き物や草花に興味をもち、見たり触ったり集めたりする。興味
援助の視点	・不安や戸惑いを感じている子どもには、その気持ちを受け止めながらも、気分を変えるきっかけを与えたり、園で遊ぶ楽しさを感じられるようにかかわったりしながら、それぞれの子どものペースで園生活に慣れていけるようにする。安心 ・その子どもがやりたい遊びを一緒にしたり、集いの時間に歌ったりおやつを食べたりなど楽しいひと時を過ごしたりすることで、幼稚園で過ごす楽しさを感じられるようにする。安心 ・子どもたちが遊びたいと思えるような遊具や用具を整えたり、一緒に遊んだり、遊びの楽しい雰囲気を作ったりして、子どもたちが遊ぶ楽しさを感じられるようにする。主体性 ・身の回りのことが自分でできにくい子どもには、今やることに気づけるように声をかけたり、保育者が手伝いつつやり方を伝えたり、自分でできたことを一緒に喜んだりしながら、自分でやってみようとする気持ちがもてるように支える。自立 ・一人一人の心もちを温かく受け止めながら視線や言葉を交わしたり、スキンシップをしたり、一緒に遊んだりして、子どもとの信頼関係を築いていけるようにする。親しみ ・集いの時間に、子どもたちが知っている歌を歌ったり手遊びをしたり、一緒におやつを食べたりすることで、クラスの友達と一緒に過ごす心地よさを感じられるようにする。親しみ ・子どもの話に耳を傾け、その思いを受け止める。また、思いがあっても表現できない子どもにはその思いやしぐさ、雰囲気を受け止め、言葉にならない思いを言葉にして表現したり、その思いに共感したりする。コミュ ・素朴な発見や感じていることに寄り添い、一緒に驚いたり楽しさを共感したりする。感性 ・砂や水の感触が楽しめるように、保育者が自らその遊びを行いその面白さや楽しさ、心地よさを伝えたり、安心して遊びに入っていきやすい雰囲気を作ったり、興味をもってかかわりたくなる遊具や用具を整えたりする。感性 興味 ・遊びに使えるよう身近な草花を用意したり、生き物を見たり触ったりできる環境を用意したりすることで、それらのものに興味をもって遊びたくなるように支える。興味

3歳児カリキュラム Ⅱ期（6～10月）

<table>
<tr><th colspan="2">保育者や身近にいる友達とかかわりながら、遊びを楽しむ時期</th></tr>
<tr><td>この期に見られる子どもの姿</td><td>●自己の側面
・好きな遊びを見つけ安定して過ごすようになる。中には自分から遊びを見つけられない子どもや、ふとしたきっかけで不安になる子どももいる。安心
・身の回りの環境に目が向くようになり、興味をもったことや面白そうなことに自分からかかわって遊ぶようになる。主体性
・保育者の手を借りながらでも、身の回りのことを少しずつ自分でしようとするようになる。中には保育者に頼ろうとする子どもや、乱雑に済ませる子どももいる。自立
●他者の側面
・多くが保育者に親しみをもってかかわろうとする。友達への関心が薄い子どももいるが、一緒に過ごしたり遊んだりすることを楽しむ子どもが増えてくる。親しみ
・ほとんどの子どもが、保育者に対しては自分の思いや感じたことなどを積極的に伝えようとする。子ども同士では、一部の子どもは自分の思いを友達に積極的に伝えるが、まだ自分の気持ちを相手に伝えようとしない子どももいる。コミュ
・友達と一緒に過ごすことが増え、かかわり合って遊ぶようになる。協同
●環境の側面
・生き物や草花、水、砂、土など、かかわる対象が広がっていき、諸感覚を通してその動きの面白さや驚き、感触の心地よさ、美味しさなどを感じるようになる。様々な自然物とかかわることで心を動かすことが次第に増えてくる。感性
・草花使ったままごとや虫捕りなど、保育者や友達の真似をしながら自分から自然物にかかわって遊ぶようになり、その面白さを味わうようになっていく。興味</td></tr>
<tr><td>ねらい・内容</td><td>●自分のしたいことを見つけ、やってみようとする
●保育者や友達とかかわりながら、一緒に過ごす心地よさを感じる
●身近なものにかかわりながら、面白さや驚きなどを感じる
・喜んで登園し、園生活を楽しむ。安心
・やりたい遊びや面白そうな遊びを見つけ、やってみようとする。主体性
・身支度などできることを自分でしようとし、できることを喜ぶ。自立
・保育者や友達とかかわって遊び、親しみの気持ちをもつ。親しみ
・保育者や友達に自分の思いを身振りや言葉などで伝えようとする。コミュ
・友達が自分の思い通りにならないことやいざこざを経験する。コミュ
・友達と同じ場で遊び、やりとりをすることで、一緒に遊ぶ楽しさを感じる。協同
・身近にあるものに諸感覚を通してかかわり、驚いたり面白がったりする。感性
・森にあるものや栽培物を食べることで、おいしさや嬉しさを感じる。感性
・身近な草花を使ってままごとをしたり、虫を捕まえたり、自然物集めをしたりするなど、身近な自然物への興味をもち、それらとかかわって遊ぶ。興味</td></tr>
<tr><td>援助の視点</td><td>・不安を感じている子どものそばで過ごしたり、一緒に遊んだりすることで、安心して自分から遊び始めることができる雰囲気を作る。安心
・保育者が遊びのモデルを示したり、子どもの思いを受け止めたりすることで、自分のしたい遊びを見つけてやってみたいと思えるようにする。主体性
・遊ぶための時間や空間を保障したり、遊具や用具を適切に用意したりすることで、自分のやりたい遊びにじっくりと取り組めるようにする。主体性
・自分のことを自分でしようとする気持ちを大切にし、やろうとしたりできたりしたことを認めることで、自分でしようとする態度が身につくようにする。自立
・様々な場面で、笑い合ったりスキンシップをとったり楽しさを共有したりする機会を作ることで、保育者や友達に親しみの気持ちを感じられるようにする。親しみ
・子どもたちの保育者に伝えたいという思いを受け止めながら応答することで、子どもたちが伝える喜びを感じられるようにかかわる。コミュ
・子ども同士でかかわっている姿を肯定的に見守り、必要に応じて子どもの思いを代弁したり言葉を補ったりしながら、友達とのやりとりを楽しめるようにする。コミュ
・同じ場で遊ぶ中で、友達とのつながりや楽しさの共有がもてるようにする。協同
・子どもたちが水や砂、泥などの素材や、身近な小動物や植物と存分にかかわることができる環境を整えることで、驚きや面白さ、気持ちよさ、力強さ、美しさなど様々なことを感じられるようにする。感性
・森に実る食べられるものや栽培物の旬を把握しておき、時期を逃さず子どもたちが食べる経験を支え、美味しさを味わえるようにする。感性
・身近な自然物に興味をもちかかわって遊ぶことができるように、遊びに使える草花を用意したり生き物を捕まえるための道具を用意したり、保育者がかかわり方を示したりする。興味</td></tr>
</table>

3歳児カリキュラム Ⅲ期（11～3月）

身近な環境に興味をもってかかわりながら、友達と一緒に遊ぶ楽しさを感じていく時期	
この期に見られる子どもの姿	●自己の側面 ・多くの子どもたちが安心してありのままの自分を出しながら、3歳児なりに自分に自信をもって園生活を楽しむようになる。安心 自信 ・友達や周りの環境に積極的にかかわろうとする子どもが増え、自分のやりたい遊びを繰り返し楽しむようになる。主体性 ・自分の身の回りのことを自分でやろうとする気持ちをもつ子どもが多くなる。片付けなどクラス全体のことはやろうとしない子どももいる。自立 ●他者の側面 ・友達と気軽におしゃべりを楽しんだり、遊びの中でかかわったりする子どもが増えてくる。気の合う友達ができた子どもの中には、特定の子とだけ一緒に過ごそうとして、それ以外の友達には関心が薄い子どももいる。親しみ ・遊びや生活の中で友達とのやりとりが増えていく。思いがうまく伝わらなくていざこざになることもあるが、自分の気持ちを相手に伝えようとするようになる。コミュ ・気の合う友達と誘い合ったり同じことをしたりして一緒に遊ぶことを楽しむようになるが、思い通りにならないと遊びの輪から離れていく子どももいる。協同 ●環境の側面 ・山際などの身近な自然物に自分からかかわっていき、その色や形、匂いや触り心地など、いろいろなことを感じながら遊ぶようになる。感性 興味 ・身近な自然物を自分から使ったり見立てたりして遊ぶようになる。また自分なりに試したり、自分のほしいものを探しに行ったりするようになる。興味
ねらい・内容	●やりたい遊びに繰り返し取り組もうとする ●友達や保育者に自分の思いを表しながら、一緒に遊ぶことを楽しむ ●身近なものに諸感覚を通してかかわりながら、それらを使って遊ぶ ・してみたいことに自分から取り組もうとする。主体性 ・気に入った遊びを、繰り返し楽しむ。主体性 ・園生活で必要なことや自分ができることをしようとする。自立 主体性 ・ごっこ遊びや集団遊びを通して、様々な友達とかかわり合って遊ぶ。親しみ ・思ったことを自分なりに言葉などで表現する。コミュ ・友達とのいざこざや葛藤を経験する。コミュ ・気の合う友達とやりとりをしながら一緒に遊ぶことを楽しむ。協同 ・雪、氷、霜柱など冬ならではの身近な自然物にかかわり、その色や形、感触の面白さを感じる。感性 ・身近な自然物を集めたり、見立てたり使ったりして遊ぶ。興味 ・繰り返し遊ぶ中で、自分なりにやりたいことを試してみる。興味
援助の視点	・やりたい遊びに取り組めるように、必要な用具や素材を用意したり、躊躇している子どもにはモデルを示したり、少し背中を押したりする。主体性 ・子どもが感じている楽しさを受け止めたり、一緒に遊んでいる友達と共有できるようにしたりして、その遊びをまたやりたいと思えるようにする。主体性 ・自分のことが自分でできる喜びを感じられるように、できた喜びを共有したり成長したことを伝えたりする。自立 ・周りのみんなのことを考えて行動している姿を認めたり感謝の気持ちを伝えたりすることで、皆の役に立つ喜びを感じられるようにする。主体性 ・いろいろな友達とやりとりをしながらかかわる機会をもつことで、クラスの友達と一緒に過ごす楽しさを味わえるようにする。親しみ ・自分の思いをうまく表現できないときには、伝える言葉を引き出したり代弁したりしながら、結果として伝わってよかったという思いがもてるようにする。コミュ ・いざこざになったときにすぐに止めるのでなく、身体や言葉で相手に向かっていこうとするなど表現していることを肯定的に受け止めつつまずは見守る。コミュ ・友達と一緒に遊ぶ楽しさに共感したり、思い通りにならないときには折り合いがつけられるように支えたりしながら、友達と一緒に遊ぶ楽しさが味わえるようにする。協同 ・雪、氷の冷たさや美しさ、火のぬくもりや焼いた食べ物の美味しさなど、諸感覚を通した直接体験を保障する。感性 ・自然物や自然現象に興味をもち、見立てたり使ったりして遊ぶことができるように、かかわりを促したり、子どもの発見したことに心を寄せたり、使って遊ぶモデルを示したりする。興味 ・遊びの中で、自分なりに試してみることができるように、やってみようとしていることが実現できるよう援助したり、使える道具を示したりする。興味

4歳児カリキュラム Ⅰ期（4・5月）

保育者や友達に親しみながら、身近な環境にかかわっていく時期	
この期に見られる子どもの姿	●**自己の側面** ・新入園児は保護者から離れることの不安が大きい子どももいるが、次第に保育者や友達と居場所を見つけていく。環境の変化による不安がある進級児も、3歳児クラスからの友達関係や生活経験を基に、自分なりの過ごし方を見つけ少しずつ安定する。安心 ・自分から周りの環境にかかわって遊び始める子どももいるが、様子を伺ったり、保育者のそばから離れにくかったりなど自分から動き出しにくい子どももいる。主体性 ・自分のことを自分でやろうとする子どももいるが、自分でやろうとしなかったり、経験がなくてどうすればよいのか分からなかったりして、個別の援助が必要な子どももいる。自立 ●**他者の側面** ・保育者に個別にかかわることで親しんでいく子どもが多い。また、友達の近くで遊んだり、集いで一緒に過ごしたりすることで、友達にも親しみの気持ちをもち始める。親しみ ・保育者には言葉や仕草で自分の思いを伝えようとする。友達に対しては保育者を介すなどして、次第にやりとりが見られるようになる。進級児は新入園児が同じクラスに入ってきたことに戸惑い、これまでの友達とだけかかわることが多く、かかわりたい気持ちがあってもどうかかわってよいのか分からない子どももいる。コミュ ●**環境の側面** ・身近な環境に徐々に心を開いていき、草花で色水ができる楽しさや、虫の動きの面白さ、砂場の砂の感触などを味わって遊ぶようになる。感性 ・進級児はこれまでの経験から花や草、虫などの自然物に興味を示し、自分からかかわって遊ぶ。新入園児は周りの友達がしている遊びをまねすることで、興味を広げかかわる対象を増やしていく。興味
ねらい・内容	●**新しい生活に慣れ、遊ぶことを楽しむ** ●**保育者や友達に親しみを感じ、共に過ごすことを喜ぶ** ●**身近なものに諸感覚を通してかかわりながら興味をもつ** ・保育者に受け止められたりかかわったりすることで、安心感をもつ。安心 ・遊びやおやつなど、楽しい時間を経験することを通して、幼稚園を好きになる。安心 ・自分の好きな遊びを見つけて、やってみたいという気持ちをもつ。主体性 ・身辺整理や着替えなど、生活に必要なことを自分でやってみようとする。自立 ・保育者や友達と触れ合ったり、一緒に遊んだりすることで親しみを感じる。親しみ ・クラスの友達と、集いやお弁当で一緒に過ごすことを喜ぶ。親しみ ・保育者や友達に自分の思いを言葉や身振りで伝えようとする。コミュ ・身近な自然物を見つけたり触ったりしながら、面白さや驚きを感じる。感性 ・砂、水、泥などの自然素材にかかわって遊ぶ楽しさを味わう。興味 ・草花など身近な自然物を使って遊ぶ楽しさを感じる。興味
援助の視点	・不安を感じている子どもには、まず落ち着ける居場所や興味のある遊びを一緒に探しながら、園で過ごすことが楽しいと感じ、安定した気持ちで過ごせるようにする。安心 ・やりたいことを見つけて自分から遊び始めることができるように、今まで慣れ親しんだ遊びができる環境や、遊びに入っていきやすい状況を用意する。主体性 ・保育者が面白そうに遊んだり、友達が楽しんでいる遊びを周りに伝えたりすることで、自分から遊んでみたいと思えるような援助をする。主体性 ・毎日の生活の中で、身支度などのやり方を丁寧に援助することで、子どもたちが生活の流れを知り、自分のことを自分でしようとする気持ちがもてるようにする。自立 ・子どもたち一人一人の思いを受け止めながら、一緒に楽しい雰囲気で過ごすことで、保育者への親しみや信頼の気持ちがもてるようにする。親しみ ・同じ場で遊んでいる子どもたちの中に保育者が入って一緒に遊ぶことで楽しさを共有したり、集いで友達と触れ合って遊んだりすることで、友達への安心感や親しみの気持ちがもてるようにする。親しみ ・子どもが保育者や友達に伝えようとしている気持ちを汲み取って言葉を足したり代弁したりすることで、思いが伝わるよさが感じられるようにする。コミュ ・子どもたち同士が会話をしたり、触れ合ったり、名前を呼び合ったりする機会を作り、かかわり合う経験ができるようにする。コミュ ・身近にある自然物に保育者が目を向けてその面白さや不思議さを伝えたり、子どもたちが発見した驚きを共有したりして、自然物とかかわる面白さが感じられるようにする。感性 ・草花での色水作りや泥だんご作り、虫捕りなど、身近な自然物とかかわることができる環境を用意したりモデルを示したりすることで、興味をもって遊ぶことができるようにする。興味

4歳児カリキュラム Ⅱ期（6～10月）

友達とのかかわりを広げながら、のびのびと遊びを楽しむ時期

この期に見られる子どもの姿

●自己の側面

- 多くの子どもは喜んで登園し、安心して幼稚園生活を送るようになる。これまで思いを出すことを我慢していた子どもは、登園を渋ったり泣いたりなど、不安定になることもある。安心
- 気に入った遊びを、自分から繰り返してするようになり、水遊びや泥遊びなどで思いっきり遊ぶ子どもが増える。中にはやりたい遊びが見つからず、じっくりと遊びにくい子どももいる。主体性
- 身の回りのことは、ほぼ自分でできるようになり、自分の力でやることを喜ぶようになるが、個人差は依然としてあり、個別の援助が必要な子どももいる。自立

●他者の側面

- 新入園児と進級児が入り混じって遊ぶようになり、一緒に遊ぶ親しい友達が増えていくが、男女が別々に遊ぶことも増えてくる。親しみ
- 遊びの中で友達に自分の思いや考えを話したり、集いの中で自分のことを表現したりするなど、クラスの友達とのやりとりを楽しんでするようになる。しかし、言葉で相手に伝わるように表現することは難しいことも多い。コミュ
- 友達と一緒に遊ぶようになる。その中では、それぞれ自分のしたいことをしていることが多いが、イメージが合ったときに協力して遊ぶこともある。協同

●環境の側面

- 虫や木の実、枝など、かかわる対象が広がり、諸感覚を通してそれらの面白さや味、匂いなどを感じていくようになる。感性
- 草花や木の実を集めてままごとに使ったり、木の枝を探して武器に見立てるなど、自然物を自分の遊びに合わせて探したり選んだりするようになる。興味

ねらい・内容

●好きな遊びを見つけ、それを繰り返すことで満足感を味わう
●いろいろな友達がいることに気づき、かかわっていこうとする
●心を動かしながら身近なものとかかわり、興味や関心を広げていく

- 自分の好きな遊びを見つけて、自分からやってみようとする。主体性
- 好きな遊びをじっくりと行うことで、満足感や充実感を味わう。自信
- 身の回りのことを、自分でやろうとする。自立
- クラスのいろいろな友達とかかわり、親しみの気持ちをもつ。親しみ
- 友達に自分の思いを仕草や表情、自分なりの言葉で表現しようとする。コミュ
- 簡単なルールのある遊びをクラスの友達と行う中で、やりとりを楽しむ。コミュ
- 気の合う友達と、思いを出し合いながら一緒に遊ぶことを楽しむ。協同
- 諸感覚を通して自然物とのかかわりを広げながら、面白さや不思議さ、美味しさなどを感じる。感性
- 身近にある自然物を集め、それらを使ったり見立てたりして遊ぶ。興味

援助の視点

- やりたい遊びが満足いくまでできるように、遊ぶ時間や空間、さらに禁止を少なくしてやりたいことができる自由を保障する。また、繰り返し遊ぶために必要な遊具や用具、素材を用意する。主体性 自信
- やりたい遊びが見つからない子どもには、興味をもてるような遊びに誘ったり、友達の楽しんでいる遊びができるように支えたりしながら、自分から遊び出せるように支える。主体性
- クラスの友達への親しみを広げることができるように、様々な友達とスキンシップをとったり、集団遊びで一緒に遊んだりする機会を作っていく。親しみ
- 思いを出しにくい子どもには、まずはその子どもの中にある思いを保育者が受け止め、伝えるきっかけを作ったり、友達に伝わりにくい部分を補ったりすることで、伝える経験ができるようにする。コミュ
- 友達と同じ場で遊ぶ中で、イメージの共有を支えたり、友達と一緒に力を出せる場面を支えたりすることで、一緒に遊ぶ楽しさを味わえるようにする。協同
- 子どもが見つけた身近な自然物の面白さに保育者が共感したり、保育者が感じた不思議さや面白さへの気づきを促したりすることで、心を動かしてかかわる対象が広がるようにする。感性 興味
- 栽培したものや森に実っているものを食べる機会をもつことで、自然のおいしさや恵みを感じられるようにする。感性
- 身近な自然物を使った遊びを保育者が紹介したり、子どもたちが見つけた自然物を使った遊びを周りの子どもたちが体験できたりするように援助することで、自然物への興味や関心を広げ、それらを使って遊んでみたいと思えるようにする。興味

4歳児カリキュラム Ⅲ期（11～3月）

友達とかかわり合いながら、一緒に遊ぶことを楽しむ時期

この期に見られる子どもの姿

●自己の側面

- ほとんどの子どもが園生活を楽しみ、自分なりのめあてをもって積極的に遊ぶようになる。しかし、困難なことや苦手な事に対しては、尻込みしたり避けようとしたりする子どももいる。主体性 自信
- 自分のことを自分でする習慣はほぼ身につき、たいていのことはできるようになる。一方、クラス全体のことになると、自分のこととして取り組む子どもは一部で、自分には関係ないという態度をとる子どももいる。主体性

●他者の側面

- クラスの友達とはある程度誰とでもかかわるようになるが、仲良しグループが固定化することで、他の友達へのかかわりが広がりにくい子どももいる。親しみ
- 友達に対して自分の思いを出しながら遊ぶ子どもが多くなるが、一方で友達の言葉や反応を気にして、思いを引っ込めてしまう子どももいる。また、自分が話すばかりで相手の話をきちんと聴こうとする態度が見られない子どももいる。コミュ
- 気の合う友達同士では、互いに思いを伝えながら一緒に遊びを進めていこうとするようになる。しかし、思いがぶつかって折り合えなかったり、友達と一緒に何かをしようとしたりする態度があまり見られない子どももいる。コミュ 協同

●環境の側面

- これまでの経験から遊びに必要な自然物が森のどのあたりにあるかわかるようになり、自分なりの目的に沿って使ったり、遊びに取り入れたりする。また、雪や氷、霜柱など冬ならではの自然物への興味や関心を示す子どももいる。興味
- 自然物をそのまま使うことから、道具を使って変化を与えたり、自分なりにどうなるか試してみたりする子どもも増えてくる。創造

ねらい・内容

●自分なりのめあてに向かって、自ら取り組もうとする
●思いを出し合いながら、友達と一緒に遊ぶ喜びを感じる
●身近なものを見立てたり試したりしながら遊ぶ

- 自分のやりたいことを見つけ、積極的にやってみようとする。主体性
- 新しいことや難しいことに取り組もうとし、やり遂げる喜びを感じる。自信
- 当番活動などの活動を通して、みんなの役に立つ喜びを味わう。主体性
- 友達や先生に対して必要なことを言葉で伝えようとしたり、友達の話していることを聴こうとしたりする。コミュ
- 友達と思いを出し合いながら一緒に遊ぶことを喜ぶ。協同
- 冬の自然とかかわり、驚きや不思議さ、面白さなどを感じる。感性
- 森の中の自然物の場所がわかり、必要なものを自分で集めて遊びに使う。興味
- 身近なものを、自分なりに見立てたり、使ったり、試したりしながら遊ぶことを楽しむ。創造

援助の視点

- めあてに対して行き詰まっている時には、実現するまでの方法や手順を一緒に考えたり、一緒にやってみたりすることで、自分から行動できるようにする。主体性
- 当番活動を取り入れ、年長児から飼育当番の引き継ぎをされることで、年長児になりたいという憧れの気持ちをもつと共に、みんなのために活動することで役に立つ喜びを味わえるようにする。主体性 自信
- 気の合う友達だけでなく様々な友達に思いを伝えていけるように、クラスみんなの前で思いを伝えたり、数人で相談する機会を作ったりする。コミュ
- 友達の発言に耳を傾けにくい時は、保育者が傾聴するモデルを示すことで、子どもたちが聞くべき時の態度が取れるようにする。また友達の話をよく聴くことで、遊びのアイデアや楽しさの広がりが経験できるようにする。コミュ
- 友達同士で遊ぶ中で、誰かが出したイメージの面白さを保育者が受け止めて周りの子どもに伝えたり、それをみんなで実現できるように支えたりすることで、遊びの中で協力するよさや楽しさが感じられるようにする。協同
- 冬の自然とかかわる時間をたっぷり保障し、子どもたちが実際に見たり、触ったり、口にしたりして感じたことを保育者が共感しながら、自然の驚きや不思議さ、面白さを味わえるようにする。感性
- 森で遊ぶ中で、子どもの発見したものをクラスのみんなと共有したり、保育者が一緒に探険しながら気づきを促したりすることで、自分たちの遊びに必要なものを自ら探したり、選んだりできるようにする。興味
- 自分なりに試すことができるように、子どもたちが変化を加えるための用具を用意すると共に、禁止を少なくすることで子どもの発想を実現できるようにする。創造

5歳児カリキュラム Ⅰ期（4～7月）

友達とのつながりを感じながら、自分の力を試していく時期

この期に見られる子どもの姿

●自己の側面

- 年長組になったことを喜び、新しい環境に積極的にかかわったり、新たな遊びに挑戦して自分の力を試したりなど、様々なことをやってみようとする子どもが多い。主体性
- 進級したことが自信になる子どももいるが、中には環境や生活の変化に不安を感じて自信がもてず、物事になかなか取り組むことができない子どももいる。自信
- 片付けパトロールや飼育当番などに積極的に取り組み、年長児として認められることを喜ぶ子どももいれば、周りに意識が向きにくく、自分から行動に移しにくい子どももいる。主体性

●他者の側面

- 以前からの気の合う友達とは、遊んだり行動を共にしたりしながら仲間意識を強めていくが、それ以外の友達には自分からかかわりをもつことが少ない。コミュ
- 遊びに必要な物を運ぶ際に力を合わせるなど、身体を介しての協力は進んで行うことが多い。一方、お互いに思いを伝え、考えを合わせながら遊ぶことは難しいことがある。協同

●環境の側面

- 身の回りの生き物に触れ、感触や動きの面白さを感じるだけでなく、細かな部分までまじまじと観察するなど、身近な自然物に対して関心を高めていく子どももいる。感性
- 身近にある自然物を使うことが増え、ままごと料理で丁寧に飾り付けたり、道具を使って加工したりするなど、自分なりに工夫して遊びに取り入れようとする。興味 創造
- 山際で少しずつ自分たちの拠点を作ろうとするが、最初はイメージを形にするための方法や手段が見つからず、保育者に頼ろうとする。創造

ねらい・内容

●自分の力を試しながら、進んで遊びや生活に取り組む

●一緒に遊んだり活動したりする中で、友達と思いを伝え合おうとする

●身近な環境とのかかわりを広げながら、試したり工夫したりして遊ぶ

- 新しい遊びに挑戦しながら、意欲的に自分の力を試してみようとする。主体性
- 年長組になった喜びを感じながら、張り切って生活する。自信
- 片付けパトロールや飼育当番など、園生活で必要なことを進んでやろうとする。主体性
- いろいろな友達と互いの思いや考えを言葉で伝え合う。コミュ
- 友達と力を合わせたり、話し合ったりしながら遊ぼうとする。協同
- 自然物に対して食べたり匂いを嗅いだりするなど、諸感覚を働かせてかかわる。感性
- 動植物をじっくり観察したりかかわったりすることで、そのものの特性に気付いたり、関心を高めたりする。興味
- 身近な自然物を使って、自分なりに工夫しながら遊ぶことを楽しむ。創造
- 山際で、自分たちの遊び場所を作ろうとする。創造

援助の視点

- 子どもたちが新たなことに挑戦してみようとする意欲や自分の力を試そうとする心情を含め、挑戦する過程を大切に受け止めていく。主体性
- 子どもが自ら自分の力を試そうとするときは見守り、必要最低限の援助にとどめる。挑戦に成功したときには一緒に喜び、子どもたちの達成感や自信につながるよう支える。主体性
- 生活の仕方や当番の方法などを具体的に伝えたり、張り切って取り組もうとする姿を認めたり励ましたりしながら、その子なりに自信をもって生活できるようにする。自信
- 片付けパトロールや飼育当番など、年長児としての意識がもてるような状況を作り、意欲をもって取り組んでいけるようにする。また、自分たちの行動が役に立っていることを実感できるようなフィードバックを心がける。主体性
- 遊びが停滞している時は、保育者がそれぞれの子どもの思いを引き出し、それらを整理することでやりたいことが見つかるように支え、友達と思いを出しながら遊びを進める楽しさが感じられるようにする。コミュ
- 集いの時間にグループで活動したり遊んだりする機会をもち、クラスのいろいろな友達と思いや考えを伝え合う経験ができるようにする。コミュ
- 遊びの中で身体を使って一緒に何かを成し遂げることで、友達と協力すると様々なことができることや、協力することのよさが味わえるようにかかわる。協同
- 動植物とのかかわりを通して、子どもが感じたことや発見したことに共感したり、時には疑問を投げかけたりしながら、その対象への関心がより高まるようにする。興味
- 見つけた草花や生き物を自分たちで調べたり、様々な種類があることに気付けたりするように、身近な遊び場に図鑑や絵本、道具などを用意しておく。興味
- 面白そうな遊び方をしている時は集いで紹介する機会をもち、子どもたちが工夫する面白さを感じたり自分の遊びに生かしていくきっかけになったりするようにかかわる。創造
- 遊び場を作るために必要な道具を用意しておく。保育者が使い方を伝え、少しずつ自分たちでいろいろな方法を試していく楽しさが感じられるようにかかわる。創造

5歳児カリキュラム Ⅱ期（8～12月）

友達と思いを出し合いながら、一緒に遊びや生活を進めていく時期	
この期に見られる子どもの姿	●自己の側面 ・やりたいことにじっくりと取り組み、自分なりのめあてを追求する子どもが増える。主体性 ・遊びの中で自分の力を発揮することが増えてくる。めあてを達成し、新たなめあてを探して取り組むことで、少しずつ自分の考えに自信をもつようになる。自信 ・遊びに必要なものを自分たちで準備したり、活動や行事の際にすべきことを見つけようとしたりする子どももいるが、中には自分から取り組みにくい子どももいる。主体性 ●他者の側面 ・遊びや生活の中で思いを伝えることが難しかった子どもも、自分の思いを言おうとするようになり、意見のぶつかり合いが増える。それらを経験しながら、次第に相手の思いや考えを聞こうとするようになる。コミュ ・友達と力を合わせることを楽しむようになる。一方で、友達と同じイメージをもって遊ぼうとするが、それを実現するためのアイデアが少なく、実際の行動に結びつかなかったり、自分だけの考えでルールを変えたりして、遊びが進みにくいことがある。協同 ●環境の側面 ・自分たちの遊びに適した自然物を探したり、よりそれらしく見えるように道具を使って加工し必要なものを作ったりすることで、遊びを充実させようとする。創造 ・保育者に頼るのでなく、同じ遊び場の友達と考えを出し合いながら、その場の自然物や自然空間を見立てたり、利用しようとしたりすることが増えてくる。創造 ・これまでの経験から、クリや木の実の実りに気がついたり、紅葉や落葉などの季節の移り変わりを実感したりしながら、その季節の自然物を遊びに取り入れようとする。感性
ねらい・内容	●**自分のしたいことや、すべきことを見つけて取り組み、達成感を味わう** ●**友達と共通のめあてに向かって協力する喜びを感じる** ●**自分たちで考えたり工夫したりしながら、遊びを充実させていく** ・自分のしたいことやめあてに向かって、積極的に取り組もうとする。主体性 ・自分のめあてを実現した達成感や充実感を味わう。自信 ・遊びや活動の中で自分のすべきことや、自分の役割を見つけようとする。主体性 ・友達に自分の思いを伝えたり、友達の思いや考えを聞こうとしたりする。コミュ ・遊びのアイデアを伝え合い、それを取り入れながら一緒に遊びを進めていく。協同 ・友達と一緒に力を合わせながら遊ぶ楽しさを味わう。協同 ・友達と一緒にアイデアを出し合い、遊びが充実する楽しさを味わう。創造 ・自然物や自然空間を様々に見立てて使ったり、それらを利用したりする。創造 ・その季節の恵みをいただいたり、季節の移り変わりを感じたりしながら遊ぶ。感性
援助の視点	・遊びの中で自分のやりたいことやめあてを見つけていく姿に寄り添いながら、そのことに向かって行動している姿を認めたり自分で行動していく楽しさに共感したりしていく。主体性 ・困っている時や挫けそうな時には友達や保育者が一緒に考え、その子がやりたいことやすべきことを実現していくことで達成感や充実感を味わえるように支えたり、周りから認められていることを感じられたりするようにかかわる。自信 ・自分から行動に移しにくい子どもには、具体的に何をするかを一緒に考えたり、気付きを促したりすることで、子どもたち一人一人がすべきことを見つけたり役割を担ったりして、みんなで取り組むことの心地よさを感じられるようにする。主体性 ・友達と共通のめあてを見出せるように意見の出し合いを促し、出てきた意見を子どもたちが整理できるようにする。うまく言葉にして伝えられない時には言葉を付け足すなどしてイメージを共有しながら遊びを進める楽しさが感じられるようにかかわる。コミュ ・集団の中でも自信をもって自分の思いを伝えていけるように、伝え合いができる風土を作ると共に、自分たちの思いを伝え合う機会を作っていく。コミュ ・共通のめあてを見つけ、それを実現していくために、皆で考えを出し合って考えたり、具体的な行動に移したりできるように支える。また、実現していく喜びや、一緒に作り上げていく楽しさを子どもたち同士が共有できるようにする。協同 ・身の回りにある自然物への気づきを促したり、子どもたちがやってみたいことができるような道具を用意したりしながら、自分たちの遊びが充実するようにする。興味 ・子どもたちの思いに合わせた自然物の生かし方や、自然空間の使い方を一緒に考え、自分たちで新たな使い方を生み出したり、取り入れたりすることができるようにする。創造 ・身近な自然物の変化など、子どもたちの発見に寄り添ったり、ふとしたつぶやきを取り上げて一緒に考えたりしながら、季節の移ろいや実りなどを実感できる体験を積み重ねていけるようにする。感性

5歳児カリキュラム Ⅲ期（1～3月）

	一人一人がその子らしさを発揮しながら、園での生活を満喫する時期
この期に見られる子どもの姿	●自己の側面 ・少し難しいことや困難なことに出会っても、自分なりに取り組もうとしたり、諦めずに取り組もうとしたりする子どもが増えてくる。主体性 ・自分らしさをのびのびと発揮する子どもが増え、友達の意見に引きずられずに自分の意見を言ったり、自分の得意なことを披露したりする子どもが増える。自信 ・卒園を控え、クラスの仲間との一体感やつながりを感じる子どもが多くなり、クラスで起こった事に対して自分のこととして捉えたり、親身になってかかわろうとしたりする姿が見られるようになる。主体性 ●他者の側面 ・いろいろな友達に自分の思いや考えを分かりやすく伝えたり、お互いに折り合いをつけたりしながら遊びや生活を進めるようになる。また何か問題が起きた時も、子ども同士で意見を伝え合いながら解決しようとすることが増える。コミュ ・遊びや行事を通して、友達のその子らしさに気付くことが増え、それを生かしながら遊ぶようになる。また、いろいろな友達と互いに励ましあったり認め合ったりしながら、力を合わせて園生活を送るようになる。協同 ●環境の側面 ・遊びや行事の中での取り組みで、自分たちでアイデアを出し合ったり、やり方を考えたり工夫したりして、よいものを創っていこうとすることが増えてくる。創造 ・これまでの経験から、身近にある素材の特性を生かそうと試したり、新たな工夫を加えたりしながら遊ぶことが多くなる。創造
ねらい・内容	●自分らしさを発揮しながら、自信をもって生活する ●互いのその子らしさを感じながら、友達と協力して遊びや生活を進めようとする ●遊びや生活をよりよくするために、考えを巡らせたり、考え直したりしようとする ・自分のめあてに向かって根気強く取り組み、達成感を味わう。主体性 ・自分らしさや得意なことを発揮しながら、クラスの中での存在感を味わう。自信 ・活動や行事など自分のこととして考え、積極的に取り組もうとする。主体性 ・就学に期待をもち、いろいろな人とのつながりを感じる。主体性 ・自分の考えたことを伝えたり、友達の考えを受け止めたりしようとする。コミュ ・園生活の中でその子らしさを感じ、その子の得意なことを生かそうとする。協同 ・互いに励ましたり助け合ったりしながら、クラスの仲間と力を合わせる。協同 ・遊びや行事をよりよくするために、相談しながら自分たちで考えようとする。創造 ・これまでの経験から、身近な素材の特性を生かしたり、新たに工夫したりしながら遊ぶ。創造
援助の視点	・その子なりの取り組みを受け止めたり、すぐに出来なくても少しずつ出来るようになってきていることに気づかせたりしながら、根気強く取り組めるように支える。また友達と一緒に挑戦できる場を作り、具体的なめあてや憧れの気持ちを感じ、自分からやろうという意欲がもてるようにする。主体性 ・その子どもらしさをクラスで共有したり、子ども同士で認め合っている姿を逃さずにフィードバックしたりしながら、自分が自分らしくいられることを味わえるようにする。自信 ・自分たちの力で物事に取り組む機会を作り、自分たちで考えてやってみようとする過程を見守ったり必要な時には気づきを促したりしながら、自分のできることや役割を担いながら皆で物事をやり遂げようとする態度がもてるようにする。主体性 ・これまでの生活をゆっくりと振り返る時をもち、自分たちが様々な人に見守られ支えられていたことへの気付きや、新たな生活への期待につながるようにする。主体性 ・遊びや生活の中で、自分の意見だけでなく友達の意見をくみ取ったり取り入れたりしながら、一緒に話し合いを進めていくことができるようにする。コミュ ・その子らしさに気づけるように、友達や保育者が気付いたことや感じたことをクラスで共有する。また友達のよさを感じながら一緒に遊びや生活を進めていくことの大切さを実感し、力を合せようとする態度がもてるようにかかわる。協同 ・アイデアを出し合ったり工夫したりしながら行事や遊びを含めた生活を自分たちで創っていけるように、主導権を子どもに渡し、見守ることを心がける。創造 ・様々な素材を用意しておき、自分がやってみたいことに対して、自分なりに素材を選び、工夫したり、試したりできるような環境を整える。創造 ・これまでの経験から結果を予想したり見通しをもったりしている姿を認め、考えたことの結果を子どもたちが自分で確かめることができるようにする。また友達の意見から、自分なりに考えを巡らせられる時を大事にしていく。創造

おわりに

「森の幼稚園の取り組みを本にしてみては」というありがたいお話しをいただいて、かなりの日数がたちました。今、こうやって1冊の本にまとめることができたことを、心からありがたく、嬉しく思います。

この本を執筆することは、広島大学附属幼稚園の歩みを振り返ることでもありました。その中で、先輩の先生方が確かな保育観の基に、本園の保育を形作ってくださっていたことを強く感じました。私たちはそのしっかりとしたベースの中で、したい保育を模索できたことを感じます。中でも、「森の幼稚園」構想を打ち立て、その方向性を示してくださった当時の河野和清園長先生、森の幼稚園の実現に向けたアイデアや実践を力強く進めてくださった当時の財満由美子副園長先生なしには、今の幼稚園はありません。今まで園の保育を築き支えてくださった先生方に心より感謝いたします。

また、この森の幼稚園カリキュラムを一緒に作成した先生方とは、様々に議論したり、一緒に研修したりして、共に試行錯誤しながら保育を作っていく楽しさを味わわせていただきました。そこに、「森の達人」の方々が加わり、目をキラキラと輝かせた子どもたちと、園を陰から支えてくださるあったか仲間の保護者との出会いがあって、本書で紹介している心躍る保育が生まれました。そして、そんな私たちそのままを抱《いだ》き支えてくれた存在が、幼稚園の大きな森です。この「大きな森」と「あったか仲間」との出会いには、感謝してもしきれません。

私自身も当然、広島大学附属幼稚園の一員として本書を出版できるものと思っていましたが、遅筆のため異動となってからの発刊となってしまいました。異動後の２０１８年7月、豪雨災害により、子どもたちの遊び場である「ことりの広場」まで土砂が流入し、自然の恵みだけでなくその人間の力を超えた恐ろしさを味わうことになりました。それでも広島大学附属幼稚園では、本書の理念を大事に、またそこから保育を作っておられます。これからも、自然を通した保育の素晴らしさを発信し続けてくださることを願っています。

一実践者が、このように系統的に本をつくることは到底無理でした。さらに、遅筆で挫けそうになることもありました。それを、中央法規出版の荒川陽子さんがアイデアを出し、原稿に丁寧にコメントし、正に保育者のようにこちらの思いを受け止め、やる気を引き出してくださいました。本書がこのように日の目を見たのも、荒川さんのご尽力のおかげです。ここに深く感謝いたします。

２０１８年10月

松本信吾

●「森の幼稚園カリキュラム」作成に携わった教職員

菅村 亨
松尾千秋
中邑恵子
金岡美幸
松本信吾
妹尾（久原）有貴
堀 奈美
小鴨治鈴
関口道彦
正田るり子
玉木美和
田中恵子
石川洋子

●森の達人

菊間 馨
寺山美穂子
林 浩三

●編著者紹介

松本信吾（まつもと・しんご）

広島大学教育学部心理学科卒業
安田女子大学大学院文学研究科 博士前期課程教育学専攻修了
私立幼稚園、保育所を経て、1997年に広島大学附属幼稚園着任、2018年3月まで21年間勤務
(現在)広島大学附属三原幼稚園　教諭

【主著】

『子ども理解のメソドロジー　実践者のための「質的実践研究」アイディアブック』(ナカニシヤ出版、2012年)、『倉橋惣三を旅する　21世紀型保育の探究』(フレーベル館、2017年)、『保育を語り合う協働型園内研修のすすめ　組織の活性化と専門性の向上に向けて』(中央法規出版、2018年)、『テーマでみる　保育実践の中にある保育者の専門性へのアプローチ』(ミネルヴァ書房、2018年)、以上すべて共著

●監修者紹介

広島大学附属幼稚園

1966年に、広島大学教育学部附属幼年教育研究施設の研究園として広島市内に開設。1990年に現在地の東広島市に移転。裏山の自然を活用した保育実践・研究を行い、ユネスコスクールとして広く内外に発信している。
〒739-0045　広島県東広島市鏡山北333-2
TEL 082-424-6190／FAX 082-424-5528
公式ホームページ　https://home.hiroshima-u.ac.jp/yochien/

身近な自然を活かした保育実践とカリキュラム

環境・人とつながって育つ子どもたち

2018年11月20日　発行

編　著 ……… 松本信吾
監　修 ……… 広島大学附属幼稚園
発行者 ……… 荘村明彦
発行所 ……… 中央法規出版株式会社
〒110-0016　東京都台東区台東 3-29-1 中央法規ビル
営　業　TEL 03-3834-5817 ／ FAX 03-3837-8037
書店窓口　TEL 03-3834-5815 ／ FAX 03-3837-8035
編　集　TEL 03-3834-5812 ／ FAX 03-3837-8032
https://www.chuohoki.co.jp/

印刷・製本 ……… 株式会社ルナテック
装丁・本文デザイン ……… ケイ・アイ・エス 有限会社
本文イラスト ……… いわいざこまゆ

定価はカバーに表示してあります
ISBN978-4-8058-5759-5